ESTABLECIENDO LA ATMÓSFERA PARA EL DÍA DE ADORACIÓN
I y II

ESTABLECIENDO LA ATMÓSFERA PARA EL DÍA DE ADORACIÓN
I y II

Joseph S. Girdler

ESTABLECIENDO LA ATMÓSFERA PARA EL DÍA DE ADORACIÓN I y II

© 2021 Joseph S. Girdler

Todos los derechos reservados. Ninguna porción de este libro puede ser reproducida, almacenada en un sistema de recuperación, o transmitida en cualquier forma o por cualquier medio, electrónico o mecánico, incluyendo fotocopias, grabaciones, o por un sistema de almacenamiento y recuperación de información -excepto por un crítico que puede citar breves pasajes en una reseña para ser impresa en una revista o periódico- sin el permiso por escrito del editor.

Publicado en Crestwood, Kentucky por **Meadow Stream Publishing.**

Las citas bíblicas marcadas con (NIV) están tomadas de la Santa Biblia, Nueva Versión Internacional®, NIV®. Copyright © 1973, 1978, 1984, 2011 por Biblica, Inc.™ Utilizado con permiso de Zondervan. Todos los derechos reservados en todo el mundo. www.zondervan.com La "NIV" y la "Nueva Versión Internacional" son marcas registradas en la Oficina de Patentes y Marcas de los Estados Unidos por Biblica, Inc.™

Las citas bíblicas marcadas con (NLT) están tomadas de la Santa Biblia, Nueva Traducción Viviente, copyright © 1996, 2004, 2015 de Tyndale House Foundation. Utilizadas con el permiso de Tyndale House Publishers, Inc, Carol Stream, Illinois 60188. Todos los derechos reservados.

Las citas bíblicas marcadas con (ESV) son de la Biblia ESV® (The Holy Bible, English Standard Version®), copyright © 2001 por Crossway Bibles, un ministerio editorial de Good News Publishers. Utilizadas con permiso. Todos los derechos reservados.

Las citas bíblicas marcadas con (KJV) son de la Versión Autorizada (King James). Los derechos de la versión autorizada en el Reino Unido pertenecen a la Corona. Reproducida con permiso del titular de la patente de la Corona, Cambridge University Press.

Las citas bíblicas marcadas con (TLB) están tomadas de The Living Bible copyright © 1971. Utilizadas con permiso de Tyndale House Publishers, una división de Tyndale House Ministries, Carol Stream, Illinois 60188. Todos los derechos reservados.

Las citas de las Escrituras marcadas (NTV) están tomadas de la Santa Biblia, New Living Translation, copyright © 1996, 2004, 2015 por Tyndale House Foundation. Utilizado con permiso de Tyndale House Publishers, Inc., Carol Stream, Illinois 60188. Todos los derechos reservados.

ISBN 978-1-7379913-0-4 paperback
ISBN 978-1-7379913-1-1 eBook

LIBRO UNO

ESTABLECIENDO LA ATMÓSFERA PARA EL DÍA DE ADORACIÓN

Endosos

"Ya sea que estés comenzando una iglesia o simplemente quieres reevaluar tu ministerio actual, debes leer el libro de Joe Girdler, *Estableciendo la Atmosfera*. Las ideas de Girdler te ayudarán a administrar tus recursos dados por Dios para alcanzar a las personas con el mensaje de Cristo que cambia vidas. Cada capítulo tiene el potencial de llevar tu iglesia al siguiente nivel de efectividad ministerial."

Tom Jacobs
Superintendente, Red de Ministerio de Iowa,
Asambleas de Dios

"El libro *Estableciendo la Atmosphere* del Dr. Girdler es una lectura obligada para el ministro moderno. Dr. Girdler es práctico e inspirador para el lector. Inspirador porque cuando a nosotros los ministros del evangelio nos dan herramientas para alcanzar al próximo nivel, ¡es inspirador! La aplicación adecuada de *Establecer la Atmósfera* permitirá que el Espíritu Santo multiplique nuestros esfuerzos. Serás bendecido y alentado por este libro."

Dr. Randy Valimont
Pastor Principal, Griffin 1st AG, Griffin, GA

"Mientras luchamos diariamente por la victoria, incluso en nuestra propia cancha, la experiencia, la visión y la pasión del Pastor Joe por *Establecer la Atmósfera para el Día de Adoración*, capacitará, equipará y animará a los líderes con un plan de ataque simple y efectivo que dará como resultado campeonatos para individuos, matrimonios, familias y comunidades."

Jeff Sheppard
Londres, KY

Jubilado de la NBA (Atlanta Hawks, Toronto Raptors y de la liga italiana: Benetton Treviso, Cordivari Roseto y Wurth Roma), 2 veces campeón nacional de la NCAA (1996, 1998), Jugador Más Valioso de la NCAA Final (San Antonio, 1998), Mr. Georgia Basketball (1992), Jugador del Año Gatorade de Georgia (1993), guardia de los Wildcats de la Universidad de Kentucky (1993-1998)

"El ministerio eficaz comienza con la obra del Espíritu Santo tanto en el líder como en la congregación. Sin embargo, la estructura y los sistemas están diseñados para ayudar a la iglesia local para que sea saludable. El libro de mi amigo Joe Girdler es una lectura obligada. Sus conocimientos prácticos sobre la estructura y los sistemas ayudarán a cualquier líder de la iglesia a subir al siguiente nivel de efectividad e impacto."

Bill Wilson
Superintendente, Red de Ministerio de Oregón, Asambleas de Dios

"He tenido el honor de conocer al Pastor Joe Girdler durante muchos años y puedo decir sin la menor duda que prácticamente cada vez que estoy cerca de él, me quedo con una idea que mejorará mi iglesia en una manera práctica. El hombre vive, respira y duerme para ayudar a que la iglesia local prospere. *Estableciendo la Atmosfera* es una lectura rápida que me desafió a mejorar cómo "hacemos la iglesia." Como plantador de iglesia, esto hubiera sido de gran ayuda antes que comenzamos."

H. L. Hussmann
Pastor Principal, Iglesia Daylight, Louisville, KY

"*Estableciendo la Atmosfera* es un libro absolutamente práctico de ideas para cualquier pastor o líder de un ministerio que desea mejorar la calidad de su experiencia de adoración. Lee este libro con el corazón abierto y evalúa cuidadosamente tus realidades actuales como si el Dr. Joe Girdler visitara tu iglesia como una visita inesperada el fin de semana pasado. Tu ministerio puede dar pasos significativos a medida que apliques estos principios útiles."

Terry Bailey
Superintendente de las Asambleas de Dios de Tennessee

"*Estableciendo la Atmosfera* es de una perspectiva grande y práctica de la iglesia local para presentarla lo mejor posible. Abre las puertas, verifica el termómetro y acabas de comenzar a prepararte para el culto. El corazón y la amplia experiencia del pastor Joe Girdler brillan a través de este simple vistazo del servicio de la iglesia desde el estacionamiento de vehículos hasta el "Amén." Un líder sabio no solo querrá prepararse para los invitados, sino que también se lo comunicará a los miembros fieles y leales. "Realmente nos importa esta tarea de Dios." Esta simple lectura bien podría comenzar en un gran viaje de mejora."

Larry Griswold
Presbítero ejecutivo, Asambleas de Dios, Plainfield, IL

"*Estableciendo la Atmosfera* prepara a los pastores a considerar los resultados deseados para cada aspecto de los servicios dominicales y actuar con intencionalidad. Proporciona consejos prácticos, forjados a partir de experiencias de la vida, para ayudar a la iglesia local llevar a las personas de donde se encuentran para caminar con ellos de una manera estratégica y relacional a donde necesitan estar en Cristo. Esta es una "lectura obligatoria," ya que desafía a la iglesia local a ser intencional, relacional, cariñosa y en cumplimiento de Efesios 4:11-16.

Dr. Mark Flattery
Director Ejecutivo, Network211.com

"Un estimado colega y buen amigo, el Dr. Joe Girdler, ha escrito un gran libro de "cómo se hace" para pastores que cubre una amplia gama de temas, bien práctico, cubriendo todo desde la A a la Z sobre qué hacer y qué no hacer, al crear una experiencia significativa de adoración en el culto. Este breve volumen no es corto en ideas y conceptos valiosos, desde el momento inicial al llegar a la propiedad de la iglesia hasta que se comprometan completamente como miembros de la iglesia. Ya seas nuevo al pastorado o buscando nuevas perspectivas sobre "establecer el ambiente" en tu iglesia, ¡encontrarás que este libro es un verdadero cambio de juego para el liderazgo ministerial!

Rich Guerra
Superintendente, SoCal Network de California,
Asambleas de Dios

"Un modelo práctico, accesible y directo para establecer la atmósfera. Tomado de más de 30 años de ministerio pastoral, este libro ayudará a los ministerios nuevos y los ya establecidos afinar intencionalmente todos los aspectos de su sistema organizativo. Una lectura muy necesaria para los líderes de la iglesia local."

Steven Girdler, MD
Departamento de Cirugía Ortopédica, Icahn Colegio de Medicina en Mount Sinaí,
Nueva York, NY.

"*Establecer la atmósfera para el día de adoración* es una herramienta increíble para que cualquier líder de la iglesia pueda leer y poner en su biblioteca como referencia para verlo con frecuencia y les recuerde las increíbles ideas que posee, especialmente desde la perspectiva de un visitante. Visito muchas iglesias cada año y mientras leía este libro, pensé: "Vaya, qué información para cada líder que quiere crear un ambiente propicio para una visita maravillosa y un gran día de adoración." Lo recomiendo encarecidamente a todo líder de la iglesia."

Ken Draughon
Superintendente, Distrito de Alabama, Asambleas de Dios

"Leí el libro *Estableciendo la Atmosfera* del Superintendente Joe Girdler. Inmediatamente me recordó a un libro que leí hace años, *Las cosas simples harán la diferencia*. Este libro es un recordatorio de hacer todo con excelencia. Usaré este libro para nuestras iglesias en Indiana para enseñar habilidades que son prácticas. Este libro ayudará a las personas a saber que nuestros lugares de culto están preparados para la presencia manifiesta de Dios."

Don Gifford
Superintendente, Asambleas de Dios de Indiana

"Por fin, un libro que guiará al equipo pastoral a través de un proceso paso a paso para evaluar la efectividad de la iglesia cuando se trata de la experiencia de adoración corporal. Joe Girdler no solo está preparado teológicamente para escribir tal volumen, tiene experiencia como pastor principal de una congregación muy influyente y en crecimiento, y probablemente su mejor contribución sean sus visitas semanales a iglesias en todo el mundo. ¡Este libro contiene las cosas prácticas que iglesias pagan miles de dólares en honorarios a asesores y líderes! Hazte un favor, ¡consigue este libro! Comienza de inmediato a hacer las evaluaciones necesarias y las decisiones difíciles para cambiar."

Bill McDonald
Fundador, Unción International Television Network, Ecuador

"Dr. Girdler ofrece una guía simple, práctica y pastoral que preparará a las iglesias para el éxito. Si estás buscando hacer una auditoría honesta sobre la experiencia del fin de semana de tu

Índice

Expresiones de Gratitud xv

Prólogo xvii

Introducción xxi

Capítulo 1 Desde el Momento que la Gente Llega a la Propiedad 1

Capítulo 2 Mientras la Gente Entra a la Iglesia 5

Capítulo 3 Esperando que Comience el Servicio 9

Capítulo 4 ¿Están a Salvo mis Hijos? 13

Capítulo 5 ¿Las Personas se Incorporan y se Saludan? 17

Capítulo 6 Mayordomía: Recibiendo Diezmos y Ofrendas 19

Capítulo 7 Anuncios Especiales y Presentaciones 21

Capítulo 8 Hospitalidad para los Predicadores Invitados 23

Capítulo 9 El Equipo de Alabanza 25

Capítulo 10 La Predicación de la Palabra 29

Capítulo 11 Y Ahora La Plataforma 31

Capítulo 12 Permitiendo que el Espíritu Santo Participe 33

Capítulo 13 El Cierre del Servicio: Llamado al Altar y Oración . 37

Capítulo 14 ¿Cuáles son los Obstáculos en Cualquier Iglesia? 41

Capítulo 15 Bautismo en Agua, Dedicación de Bebes, Eventos Honoríficos 45

Capítulo 16 ¿Qué Tipo de Vestimenta Usas? 47

Capítulo 17 Maestros de Escuela Dominical 49

Capítulo 18 Creando Envión para el Desarrollo de los Esfuerzos Ministeriales, Ofrendas Especiales, y Proyectos 51

Capítulo 19 Sistemas para Grupos Pequeños (células) 53

Capítulo 20 Sistemas de Entrenamiento para el Liderazgo..........55

Capítulo 21 Sistemas de Asimilación......................................57

Capítulo 22 Misiones y Sistemas de Evangelismo......................61

Capítulo 23 ¿Y Qué de la Plantación de Iglesias?.......................67

Capítulo 24 Los Cinco Dones del Ministerio.............................69

Capítulo 25 Oración..71

Capítulo 26 Redes Sociales..73

Conclusión...75

Preguntas para Repasar...77

Preguntas Sobre Cada Capítulo...79

Expresiones de Gratitud

Muchos han invertido en mi vida a lo largo de los años, tanto aquí en mi país (EE. UU.), como en el extranjero, y considero a cada uno un socio importante en lo que se ha convertido en mi pasión por la Iglesia. Gracias por allanar el camino y por poner tu toque en mi vida.

Es un privilegio tener como amigos a los pastores de la generación más joven Tyler Crowder, Chase Franklin y Ryan Franks. Tyler recibió su maestría en Evangel University en Springfield, Missouri. Chase recibió su MDiv del Seminario Teológico Asbury en Wilmore, Kentucky. Y, Ryan recibió su maestría en Lincoln Christian University en Lincoln, Illinois. Gracias, Tyler, Chase y Ryan, por ayudarme a aclarar algunas de mis ideas para este proyecto.

Además, ofrezco un sincero agradecimiento a mi editora, Catherine McGee, desde los días que comencé mis estudios doctorales. Después de haber recibido su Maestría de la Universidad de Nueva York, ella sigue siendo un estímulo constante para mis escritos.

Gracias también a Brad y Hilton Rahme de Uberwriters Christian Ghostwriters (www.uberwriters.com) por el diseño de la distribución interior, el diseño de la portada y la asistencia para la publicación.

Que cada uno de ustedes que lean esto, encuentren algo en estas páginas para fortalecer su trabajo para el Señor e inspirar a otros en su caminar con el Padre. Estos temas son relevantes, de importancia crítica y, en general, funcionales cultural y contextualmente para la mayoría de los entornos de la iglesia. No hay nada más espectacular que la iglesia local. Únase a mí en el trabajo de hacer de cada reunión un encuentro genuino con el Único y verdaderamente santo Dios de todos. Y que nos encuentre, en su inminente regreso, fieles al llamado

Prólogo

Cada semana, personas, voluntarios, personal laico, personal contratado, pastores y más se reúnen en todo el mundo para experimentar y encontrar al Rey de Reyes y el Señor de los Señores a través de los servicios de adoración cada fin de semana. Más del 20% de los estadounidenses dicen asistir a la iglesia cada domingo, y aunque puede que no haya una sola píldora mágica o idea para edificar una iglesia más rápido que otra, hay denominadores comunes de iglesias que están creciendo y haciendo un ministerio más eficaz que otros. Craig Groeschel lo llama el factor "It."

¿Establecer la atmósfera, tiene que ver con las luces brillantes, un cálido sintetizador en la plataforma, cantantes atractivos, vistiendo la ropa más contemporánea, la tecnología avanzada, aplicaciones de teléfono, predicar desde una mesa en lugar de pulpito? ¡Podría ser! Y no podría ser. Establecer la atmósfera tiene más que ver con emitir la visión y establecer el tono adecuado para tu iglesia.

Establecer la atmósfera no se trata de hacer buenas preguntas, sino de las preguntas precisas. Debes preguntarte, ¿qué mensaje estamos enviando como iglesia cuando las personas ingresan a nuestro parqueadero? ¿Qué piensan las personas cuando son saludadas y pasan a la entrada de nuestra iglesia? ¿Se encuentran con una cara amable o con alguien que parece que podría golpearles en cualquier momento?

¿Tienes un ministerio de niños que en realidad es un ministerio? ¿O una sala de cuidado infantil de 90 minutos, no tan ordenada, llena de hojas para dibujar, juguetes de fiestas de té y un voluntario que llega 15 minutos tarde y no tiene buena higiene? ¿Está tu equipo de alabanza ensayando por primera vez, mientras selecciona las canciones 30 minutos antes del servicio? ¿El primer olor que perciben deleita a una persona? O, ¿indica que el edificio fue construido hace 80 años? ¡Creo que ahora tienes la idea! ¿Qué ambiente estás estableciendo?

Jesús vino a la tierra por tres razones. La primera razón es para mostrarnos quién es el Padre y refutar los conceptos erróneos de Dios. La segunda es enseñarnos cómo amar a las personas. Y, la tercera razón es ser nuestro sustituto. Dentro de su ministerio, Él nos mostró la Verdad y la Gracia y encontró a las personas en donde estaban. ¡Luego los desafió a cambiar de adentro hacia afuera para acercarse más a Él mientras aprendían a amar a las personas! ¿El ambiente de tu iglesia está enviando ese mensaje? No te olvides, la iglesia local tiene vida para la comunidad, no al revés. Entonces, cada iglesia debe evaluar su visión, misión, inteligencia cultural, demografía y lenguaje de amor comunitario. Cuando sepas estas respuestas, tu iglesia comenzará a establecer el tono los domingos, lo que luego llevará a la iglesia a crear una atmósfera, y la atmósfera correcta significa que eres intencional con respecto al mensaje que deseas enviar y recibir.

Después de servir en varias iglesias, vi que una de las áreas con las que más luchan es que no son intencionales. Y recuerda, una iglesia siempre está comunicando un mensaje, pensamiento o idea con o sin el permiso de sí misma. Vivimos en un mundo muy superficial y si pensamos que la gente debería superar nuestra falta de ser atractivo y la mala señalización, y queremos darle la oportunidad para conocer a Jesús del cual no saben nada, entonces estamos delirando. Al fin del día la culpa es nuestra.

Entonces, ¿por qué crear un ambiente en tu iglesia? ¿No es suficiente el Espíritu Santo? ¡Él es! ¿Necesitamos hacer que las buenas nuevas y el evangelio de Jesús sean más atractivos? Nosotros no. ¿No se supone que las personas deben venir a la iglesia basándose en su convicción de reunirse y saludarse, amarse, ser parte del cuerpo de la iglesia y promover el evangelio a través de la iglesia local? ¡Claro que sí!

Sin embargo, somos llamados a ser Edificadores del Reino, y que la voluntad de Dios se cumpla a través nuestro y de la iglesia local. Somos llamados a hacer lo que sea necesario para encontrar a las personas donde están, presentarles a Jesús, discipularlos y desafiarlos a hacer lo mismo con los demás. ¿Quieres saber por qué los fariseos y saduceos se perdieron el reino de Dios? Se lo perdieron porque estaban atrapados en su religión y estaban demasiado ocupados siendo autosuficientes. Tenemos que asegurarnos de que no se convierta en nuestra historia también: demasiado ocupados acerca de cómo deben verse todos en la iglesia y no estamos dispuestos a cambiar para alcanzar a los perdidos.

Dense cuenta de que el reino de Dios está entre (dentro de) ustedes. Lucas 17:21 (NVI) Paréntesis mío.

Somos los vasos del Espíritu Santo. ¡Estamos trayendo el reino de Dios a nuestra comunidad! Por lo tanto, debemos hacer las preguntas correctas sobre cómo ayudar al espíritu, al corazón, la mente y alma de las personas para que puedan recibir lo que el Señor tiene cada domingo, y es por eso que la iglesia debe ser intencional para establecer la atmósfera para que el pueblo adore al Todopoderoso Rey.

Debemos recordar que vivimos en un mundo enloquecido, lleno de horarios abrumantes, medios de comunicación social llenos de chismes, una nación que está constantemente dividida, reuniones del directivo de la escuela, prácticas de fútbol, …y lo que sea, estamos viviendo muy acelerados. Y, en medio de esta locura, somos llamados a.

> *¡Quédense quietos y sepan que yo soy Dios! Salmo 46:10 (NTV)*

Por lo tanto, cuando nos reunimos, la iglesia local podría hacer lo siguiente en preparación para que la gente se encuentre con Jesús, especialmente si no saben lo que está sucediendo:

1. Primeras impresiones fuera del ambiente.
2. Primeras impresiones dentro del ambiente.
3. Todo sea fácil, obvio y conveniente.
4. Transiciones y el fluir de la atmósfera.
5. El ambiente del escenario.
6. El ambiente de las redes sociales.
7. El ambiente del ministerio.
8. El ambiente de oración.
9. El ambiente de adoración
10. El ambiente de ofrendar y dar.

El Dr. Joe Girdler ha presentado un código de práctica y un manual operativo para establecer la atmósfera de excelencia y proporcionar una atmósfera para que el Espíritu Santo alcance y afecte los corazones y las vidas. Todos los líderes de la iglesia tendrán un buen servicio al seguir estos pasos prácticos para la salud de la iglesia.

Ryan Franks

Prólogo

Pastor Principal, Journey Church, Brandenburg, Kentucky, y director del ministerio a los "menores de 40 años," Asambleas de Dios de Kentucky

Introducción

Durante casi quince años, he predicado semana a semana en una iglesia diferente y en una ciudad diferente en cada compromiso ministerial. He predicado en iglesias anglosajonas e iglesias multiculturales. He predicado en iglesias de habla inglés y en naciones donde había dos traducciones en vivo de mi inglés, frase por frase, a la congregación. He aprendido algunas cosas sobre cómo funcionan las iglesias: qué hacen bien y, a veces, no tan bien. He captado algunas cosas que la mayoría de los invitados notan, reconociendo desde el inicio de mi llegada que la familia de la iglesia local no tiene ningún concepto o consideración de lo que los invitados han notado o están sintiendo. Hay pocos lugares donde se puede encontrar un libro de esta naturaleza: breve, conciso, fácil de leer y fácil de implementar.

Originalmente redactado y compilado como una visión general de varias consideraciones de los sistemas de la iglesia para el desarrollo del liderazgo pastoral y los lugares de capacitación que dirigía para líderes, y seguí más allá de la capacitación ofrecida para encontrar líderes y pastores de la iglesia fascinados e interesados en esta guía práctica para el liderazgo pastoral. Mientras que algunos encontraron estos temas generales como estándar, otros encon-traron elementos que aún no habían considerado.

Si bien las iglesias más grandes suelen estar bien estructuradas (eso se podría pensar naturalmente), bien dirigidas y desarrolladas en el sentido de este tipo de calibraciones cotidianas para la funcionalidad, aún quedan algunas que sorprendentemente no están establecidas, como se podría anticipar. Por lo general, es el invitado a la iglesia, el que asistente por primera vez, o uno bien intencionado que busca un hogar en la iglesia que encuentra las debilidades y observa "las pequeñas cosas" que no son tan pequeñas. Y, para ellos, es importante saber si volverán a asistir a tu iglesia o si lo considerarán como un hogar viable y espiritualmente adecuado para su búsqueda.

Si bien los temas de este libro se han utilizado en iglesias de diferentes contextos, algunos podrían decir que este libro está dirigido especialmente a la iglesia rural. Pocos libros tratan temas prácticos para el ministerio rural, especialmente en lo que se refiere a los elementos prácticos que abordaremos en las páginas siguientes. Me encantan las iglesias rurales y el llamado de los pastores rurales. En las naciones que he tenido el privilegio de ministrar, la iglesia rural (no siempre, pero a menudo pequeña) es a menudo el núcleo de la comunidad cristiana local y la familia de confianza para creyentes y no creyentes por igual cuando se trata de normas teológicas y numerosos elementos para fomentar la esperanza comunitaria. En general, en su contexto rural, la iglesia pequeña se ve desafiada para tener recursos disponibles, un liderazgo entrenado para la variedad de necesidades e incluso la disponibilidad para asistir a las oportunidades de capacitación a la luz de la necesidad de requisitos teniendo una carrera bi-vocacional de sus líderes, sus necesidades familiares, y los presupuestos de la iglesia. Estas realidades de la iglesia de hoy son razones adicionales para que un libro corto de esta naturaleza ofrezca ayuda y ánimo, sugerencias e ideas, ideas que hacen reflexionar y "un punto de consideración para saber en dónde comenzar" para los líderes llamados por Dios a nivel mundial.

Este libro no pretende ser una investigación de alcance

completo sobre ninguno de los temas a continuación. Es simplemente una descripción general de lectura rápida diseñada para estimular el pensamiento y ayudar a los líderes de la iglesia de hoy a estructurar mejor su entorno de adoración para que otros puedan encontrar la presencia manifiesta de Dios. Ciertamente, cualquiera de nosotros podría preparar una gran cantidad de temas complementarios relacionados con el tema. No está escrito como un análisis exhaustivo sobre los asuntos de sustancias enumerados o como guía para cada iglesia o líder de la iglesia.

La contextualización es crítica para el ministerio de predicación bíblica, así como para el desarrollo e implementación de los sistemas de la iglesia. Si bien la mayoría de las consideraciones ofrecidas en este libro se entienden mejor en el contexto de Norte América, tradicionales, a menudo rurales, no hay duda de que aquellos que funcionan con un sistema móvil, metropolitano o misional también encontrarán las consideraciones que se ofrecen útiles.

Sé responsable ante Cristo y ante tus líderes y colegas. Pregunta sobre los estándares y protocolos particulares de la confraternidad o denominación si eres miembro o parte de una iglesia organizada. Conoce a tu audiencia y la agenda y el lugar de tu ministerio. Finalmente, usa estas ideas sugeridas como simplemente eso: propuestas para ayudarte y a tu equipo a ser lo más eficaz y eficiente posible para alcanzar tu mundo para Cristo.

En verdad, no hay nada que puedas hacer para animarte, levantarte, o dar un grito de júbilo para elevar la presencia de Dios. Él es poderosamente soberano y como enseña la Escritura, realmente interesado en los aspectos eternos y cotidianos de todos los individuos en la tierra. La Biblia dice que Él habita en las alabanzas de su pueblo. Eso es lo que realmente importa, ¿no es así? Que su presencia sea evidente para todos los que adoran, buscan o incluso observan casualmente como invitados por primera vez. La importancia de la iglesia no está diseñada en torno a lo que hacemos como líderes, nuestros proyectos o nuestras estrategias. La importancia de la iglesia es que permitimos que Dios haga su trabajo en nuestras vidas y en las vidas y los corazones de todos los que asisten. Entender que el principio que nos motiva a nosotros, como líderes, es esforzarnos para ofrecer lo mejor para el Señor. Nuestro objetivo es la excelencia en todo lo que hacemos, así como nuestra meta, para que el Señor y Su magnífica presencia puedan ser percibidos y recibidos de forma fácil y tangible por todos los que desean Su obra en sus vidas.

Comencemos

Capítulo 1

Desde el Momento que la Gente Llega a la Propiedad

Los invitados forman su opinión de tu iglesia en el momento en que pasan por tu propiedad o conducen a tu propiedad.

- Si tienes una iglesia más grande, ¿tienes personal de recepción amable y acogedor para saludar, y ayudar a las personas a sentirse cómodas, a dirigir y ayudar en el estacionamiento?
- Si tienes una iglesia más pequeña, ¿hay suficientes espacios de estacionamiento para que un huésped pueda obtener cómodamente un lugar "cerca de la puerta" sin ese "Ay" y "la angustia" de sentir que "no tienen espacio para mí?"
  - ¿Toman los mejores lugares los hermanos de la iglesia? Considera pedirle a tu equipo y a los hermanos fieles que hagan un esfuerzo para estacionar en los lugares más alejados para acomodar a los huéspedes, ancianos y los nuevos.
  - ¿Cómo se ve la pintura en el estacionamiento, limpia y fresca? Si no, píntalo.
  - ¿Ayudaría tener lugares de estacionamiento para huéspedes?

> *"Eso significa que si llegan 15 minutos antes del servicio, es probable que hayan decidido volver antes de que se cantara la primera canción y antes de que digas una sola palabra de tu mensaje."*

- o ¿Hay lugares de estacionamiento designados para disca-pacitados?
- De acuerdo con el experto en iglecresimiento que estudias, los invitados determinan si regresarán en los primeros 2 a 8 minutos.
  - o Eso significa que tienes menos de 10 minutos para mostrarles de qué se trata.
  - o Eso significa que, si llegan 15 minutos antes del servicio, es probable que ya decidieron si van a volver antes de que se cante la primera canción y antes de que des una sola palabra de tu mensaje.
- ¿Has cortado el césped?
  - o ¿Hay flores recién plantadas?
  - o ¿Hay algo de la iglesia que diga a las personas de la comunidad que pasan por enfrente: "Me gustaría ir allí algún día!"
- Si llueve el domingo por la mañana y no tienes un pabellón donde las personas pueden bajar de sus vehículos, considera tener voluntarios con paraguas para ayudar a las personas desde el estacionamiento hasta el edificio.
- Si tu iglesia tiene un estacionamiento con césped o de tierra, considera colocar grava, si es que tu presupuesto todavía no da para asfaltar la superficie. ¡Hará maravillas para que luzca la propiedad!
- Si el clima invernal permite un servicio, no hace falta decirlo ... ¡asegúrate de que las veredas estén limpias mucho antes de que comience el servicio! Vivimos en una sociedad litigiosa. Nadie quiere caer y ser herido, y ninguna iglesia necesita el litigio que podría incurrir.

- ¿Hay un olor extraño o poca iluminación cuando entras al edificio (especialmente si es un edificio antiguo)? Estas pueden ser reparaciones costosas o arreglos simples, pero son elementos principales y de primer orden a resolver.

> *"Antes de que la gente llegue, enciende música de adoración / alabanza y deja que suene en el estacionamiento para saludar a los que entran."*

- Considera colocar unos parlantes, no muy caros, en el estacionamiento que se puedan conectar a tu equipo de sonido en la iglesia.
  o Cuando llegas temprano a la iglesia para abrir las puertas una HORA, o más, antes de que alguien llegue, enciende la música de alabanza que suene en el estacionamiento para dar la bienvenida a los que llegan. Establece la atmosfera y prepara corazones. También dice, "a estas personas parece que les importo y parecen tener todo preparado."
- ¿Qué porcentaje de tus asientos están llenos o disponibles? Al igual con los minutos dados antes de que alguien toma una decisión determinante si van a volver a tu iglesia, evalúan rápid-amente según la comodidad y disponibilidad de los asien-tos, así como la facilidad de estacionamiento.

> *"Recuerdo que entré como invitado desde las ruidosas calles de Times Square y que me saludaron casi de inmediato para saber si yo era un invitado y si me gustaría que me sentaran en un 'asiento reservado para visitas' en el auditorio principal."*

  o Considera que, si estás el 75% lleno, ya estás lleno. Por lo general, en la cultura de la iglesia occi-dental, con las hermanas colocando sus abrigos y carteras junto a ellas o los hombres y sus estuches, Biblias, abrigos o libros que ocupan amplios asientos, cuando la gente nueva llega y no les resulta cómodo encontrar asiento, reconsideran su regreso.

o Las mismas consideraciones se aplican al estacionamiento de tu iglesia. Como te sea posible, proporciona estación-amiento amplio y conveniente y asientos para huéspedes, recién llegados, discapacitados, veteranos y nuevos. En varias ocasiones he visitado la iglesia de Times Square en Nueva York. Recuerdo que pasé como invitado desde las concurridas calles de Times Square y que me saludaron casi de inmediato para determinar si yo era un invitado y si me gustaría sentarme en el lugar que se ofrecía convenientemente "mantenido abierto con el propósito de que los invitados entrasen." Ahora, eso es planificar por adelantado y estar determinado que tu mensaje tenga el mayor impacto en las personas en tu audiencia

Capítulo 2

Mientras la Gente Entra a la Iglesia

- Consideremos por un momento la música, imagínate por un momento cuando vas a un centro comercial, entras en un ascensor o llegas a un teatro. Hay música y crea un ambiente.
  - Cuando las personas entran a la iglesia, permítales ingresar a un ambiente acogedor que:
    - dice que has orado preparando para su llegada.
    - dice que estás esperando y creyendo que tendrán una experiencia significativa y espiritual hoy en tu iglesia.
    - les permite tener una experiencia cómoda y calmada, acogedora y dice que "Me gusta este ambiente," antes de que comience el culto.
    - Pero... ya ha comenzado ... Simplemente ellos no lo saben todavía.
- A menudo, cuando estamos de vacaciones o con un grupo, es común que una persona del grupo, al ingresar, le pida al camarero o camarera que le indiquen cómo llegar a los baños. ¿Están claramente marcados y son fáciles de encontrar? Es importante.
- ¿Cómo está la señalización en general?
  - Hay cosas que nuestros hermanos dan por sentado, pero si soy nuevo en la iglesia: no lo sé, y no quiero entrar y

comenzar a "mirar alrededor, por encima de los demás, evitando a quien quiere saludarme, solo para encontrar lo que quiero ver."
- Si crees que tu iglesia tiene muchos letreros, reconsidera. Nunca podés tener suficiente. Y, si sientes que tienes demasiada señal-ización, es probable que sea "justo lo necesario."

> "Si crees que tu iglesia tiene mucha señalización, reconsidera. Nunca es demasiado."

- ¿Has considerado las necesidades del ministerio multigeneracional? Ten en cuenta que no solo debes considerar el ministerio a los niños y jóvenes (adolescentes), sino también a la edad universitaria, a las personas con necesidades especiales, a las diversas opciones de matrimonio, a las preocupaciones y consideraciones del ministerio de adultos mayores, a los ministerios de adultos solteros, a los solteros nuevamente, y más.
- Creo que los ministerios para las personas con necesidades especiales es una de las opor-tunidades de ministerio menos desarrolladas y, sin embargo, las más notables para los plantadores de iglesias e iglesias que desean real-mente hacer una diferencia en su comunidad. Miles de personas que se encuentran cerca de tu iglesia enfrentan desafíos únicos de sus seres queridos con necesidades especiales, y pocas iglesias ofrecen un ministerio o dan la bienvenida a sus necesidades. ¡Haz esto!

> "Creo que los ministerios para gente con necesidades especiales son una de las oportunidades de ministerio menos desarrolladas y, sin embargo, las más notables para los plantadores e iglesias que desean realmente hacer una diferencia en su comunidad."

Puede requerir capacitación y un gran nivel de compromiso, pero sepas lo que brindará a este hermoso segmento de la sociedad que no pueden

asistir a la iglesia, no asisten a la iglesia, o se sienten que no son bienvenidos a asistir a la iglesia. Piensa en el ancho de tus pasillos, tus puertas y tus aceras, también. Haz algo que diga: "Sos importante."
- o Incluso puede haber datos demográficos contextuales únicos que debes considerar que tu comunidad y tu entorno realmente necesitan, pero pocas iglesias se preocupan por hacer algo.
- Si un invitado viene con niños pequeños, es mejor tener a alguien que "LOS LLEVE" y "CAMINE CON ELLOS" al pastor de niños o líder de los niños y al área de la iglesia o la sala cuna. No solo señale y diga: "Ahí está."
- Si traigo mi bebida, ¿me siento cómodo para llevarla al santuario?
  - o ¿Cómo sabría eso?
  - o ¿Hay "reglas de la casa" que no conozco? Y, si es así, ¿quién hizo las reglas? ¿Hay que actualizarlas? ¿Deben reconsiderarse a la luz de la declaración de tu visión para alcanzar a los perdidos, incrédulos, y los no comprometidos, etc.?
- Tienes "¿Escuela Dominical," clases de estudio bíblico o grupos pequeños? ¿Cómo puedo saber eso, sin tener que preguntar (y si no tengo un boletín, siempre que tenga uno)?
- El Tour:
  - o No es raro que cuando huéspedes visiten nuestra casa, Renee o yo les brindemos un recorrido breve, informal, cómodo y acogedor. Aquí está la sala

  de estar... Aquí están las habitaciones ... Aquí está la cocina...
    - ▪ ¿Alguna vez has pensado en el momento en que llega una visita, es potencialmente un nuevo miembro?
    - ▪ Tener a alguien previamente designado para ser el comité de bienvenida a la casa. Será tu trabajo verlos, saludarlos, llevarlos en un tour y ayudarlos a sentirse

7

bienvenidos cuando conozcan el lugar y un poco sobre la iglesia. ¿Hay un Centro de Conexión que es obvio y acogedor? ¿Un puesto de servicios para huéspedes? Es importante.
- ¿Qué idioma usas? Cuando un voluntario asiste o el pastor habla, ¿el ADN de la iglesia está siendo comunicado por el idioma de la iglesia? En lugar de "bienvenida a los visitantes", ¿qué tal "bienvenida a los invitados?" Por ejemplo, decir un visitante destaca a una persona nueva y nerviosa que quiere estar, pero no ser notada. Cuando das la bienvenida a los invitados, simplemente implica que, si es nuevo, es más que un visitante, es un invitado y, lo que es más importante, está invitado y bienvenido a nuestra familia.
- ¿Y qué de la seguridad? ¿Está organizada? ¿Se sienten seguros los huéspedes? ¿Reconocen, saben, son conscientes, que hay seguridad en las instalaciones?

> *"Tena alguien previamente designado para ser el comité de bienvenida."*

- ¿Brindas un servicio de transporte y de acceso fácil (especialmente en casos de caminatas largas o gradas en la entrada)?
- ¿Tienes servicios de comida disponibles? ¿Café? Y, de ser así, ¿está bien organizado y documentado legalmente (si es necesario)?
- ¿Tienes anfitriones en las puertas/ujieres/saludadores? Una vez más, es muy importante.

Capítulo 3

Esperando que Comience el Servicio

- Teniendo música tocando es importante para establecer el ambiente, permitir que las personas se sientan cómodas y proporcionar un ambiente espiritual que prepara sus corazones, sin que ellos se den cuenta, para la adoración que están a punto de experimentar.
- Y recuerda, ¡el tiempo antes del servicio es crucial para conocer y conectar a todos y a todos entre sí! Una buena idea para utilizar a tus voluntarios para tener el mayor impacto es capacitarlos como capitanes de sección. Esto te permitirá saber quién ha faltado y por qué han faltado al (los) servicio (s). Nos ocuparemos de esto más tarde.
- Cuando termina la clase de la Escuela Dominical, si tienes una clase en el santuario, has que designen a alguien para que esté en la cabina de sonido para activar la música de alabanza/adoración cuando la maestra de la clase diga "Amén."
- Si la gente está entrando a un santuario vacío para esperar el inicio del servicio, simplemente has que la música este tocando 30 minutos antes del servicio.
  - Cuando pastoreaba, usé videos/DVD's, que funcionaron bien. Un domingo al mes, usaba un video sobre las misiones. Otro domingo sería un cantante de música contemporánea. Otro domingo un cantante de música

"country" o "gospel." Otro domingo un video acerca de un ministerio en algún lugar de los Estados Unidos, la comunidad local o de tierras lejanas. Y, estos serían cronometrados hasta un reloj de cuenta regresiva. (¡Estuve muy agradecido por los increíbles voluntarios que me sirvieron tan bien en la cabina de sonido de nuestra iglesia! Fueron tan vitales para mi equipo que instalé un sistema telefónico desde la plataforma a la cabina de sonido para que pudiera comunicarme en cualquier momento durante el servicio con mi equipo. Los alentaría a corregir algún error tipográfico en la pantalla antes de que surgiera el siguiente verso de la canción, o lo que sea. ¡Nos divertimos trabajando en conjunto para hacer todo lo posible para que Jesús brille!)

> "¡Estuve más que agradecido por los increíbles voluntarios que me sirvieron tan bien en la cabina de sonido de nuestra iglesia!"

- Si usas un reloj de cuenta regresiva, asegúrate de mantenerte fiel a él. Inicia el servicio cuando la cuenta regresiva llegue a la hora de inicio. *Vea abajo.
- Si la cultura de tu iglesia es tal que las luces se atenúan para la adoración, asegúrate de que sean lo suficientemente brillantes para que las personas puedan ver cómodamente los asientos, leer, poder dar su ofrenda y encontrar vías de salida.
  - A menudo, nuestra cultura se olvida del grupo que lo siente y lo piensa, pero rara vez lo dice: "Mis ojos ya no son tan buenos como los de mis hijos o nietos." Me gustaría poder leer mi Biblia, el boletín que me entregaron o la nota que me acaban de enviar."
- Algunas iglesias usan DVD's o segmentos de video de misiones (o diferentes opciones) como su cuenta regresiva 10 minutos, 5 minutos o 3 minutos antes del inicio del servicio.

- ¿Tienes el equipo para saludar, darle la mano, abrazarlos, tener conversaciones, dar la bienvenida a los invitados y preguntarles acerca de sus hijos y bebés recién nacidos o sus nuevos trabajos, o lo que sea?
  - Si no, hasta las iglesias pequeñas deberían considerar este aspecto importante para conectar y conocer a las personas.
  - Hace años asistí a una gran iglesia en Phoenix, AZ. Renee y yo estábamos sentados, y en un momento temprano en el servicio esa iglesia tuvo su versión de lo que muchos podrían llamar el "momento de conocer y saludar." La pareja sentada enfrente nuestro, naturalmente, se dio vuelta y dijo: "Hola." Pero, no terminó con ese saludo. Amablemente reconocieron que no recordaban habernos conocido antes y nos preguntaron si éramos nuevos en la iglesia. Cuando se enteraron de que lo éramos, nos invitaron a almorzar en un restaurante de comida mexicana "que solamente tomaría una hora para almorzar." Sabiendo que íbamos a almorzar de todos modos, dije, "sí," y luego lo pasamos de maravilla con esta hermosa pareja. Explicaron que en realidad era su ministerio reunirse y llevar a los nuevos a almorzar cada domingo. Pagaron el almuerzo de su propia cuenta, no reembolsados por la iglesia. Era de corazón, y aunque no podían participar en uno de los muchos eventos o reuniones semanales de la iglesia, era una forma en que podían contribuir y realmente ayudar a su pastor a conectarse con la gente. Amaban a su iglesia y querían ayudar a otros a ser bienvenidos. Era un verdadero ministerio organizado de la iglesia, y esta pareja era una de las muchas parejas que hacían lo mismo, todas las semanas.

> "¿Tienes un equipo de bienvenida dividido por secciones?"

- Si utilizas un boletín impreso:

- o Asegúrate de que todo esté bien escrito.
- o Promover los próximos eventos.
- o Anunciar los próximos predicadores.
- o Utilizar o crear gráficos de mayor calidad.
- o Cambia el formato de vez en cuando para evitar que sea demasiado aburrido y demasiado "lo mismo" todas las semanas.
- o Considera resaltar a un misionero de la semana para orar por ellos.
- o Es una excelente manera de involucrar a las personas para que piensen en las misiones nuevamente.
  - Y, es una excelente manera de crear conciencia, aumentar la oración y aumentar las donaciones para las misiones.
- o Considera orar por una familia cada semana.
- o Considera mencionar a un negocio local cada semana para orar por ellos.
- o Considera resaltar una iglesia de la comunidad para orar por ellos esta semana, ¡sí lo dije!
- o Y tal vez deberías considerar la eliminación de tu boletín si en realidad no sirve. Eso depende de ti, pero la conversación sobre planificación de sistemas vale la pena.

> "La conversación acerca de planeación de sistemas es una que vale la pena tener."

Capítulo 4

¿Están a Salvo mis Hijos?

- La verificación de antecedentes penales, actualizadas al menos cada dos años, deben ser obligatorias para cualquier persona que trabaja con menores de edad. No puedes estar demasiado seguro si te estoy confiando a mis hijos. Has las verificaciones de antecedentes. No te pierdas este paso. Es donde empiezas.
- Escoja bien tus opciones de trabajadores de guardería y personal infantil, ya sean voluntarios o pagados.
  - Ten en cuenta que los adolescentes no son la mejor respuesta para los líderes del ministerio, los directores de la clase o los que están a cargo. Su ayuda a la "persona principal" es esencial, pero los padres e invitados, quieren saber que los cuidadores tienen experiencia y son capacitados para ministrar a sus hijos durante el tiempo que están en los servicios u otros eventos de la iglesia.
  - Conoce a tu audiencia y prepara lo mejor posible, pero reconozcas las implicaciones para los invitados, los recién llegados o los de siempre, mientras observan a los líderes en su capacidad. La percepción es realidad para las personas. ¿Tenes adolescentes trabajando? ¿Están solos o son asistentes del personal?

> *"Revisa los antecedentes penales No omitas este paso."*

¿Cómo saben los padres la diferencia? ¿Qué hay de los hombres que trabajan? ¿Son confiables y están bien adaptados para trabajar con los niños? O, ¿se les hace incómodo a los padres? O también, podría ser la madre de cualquier persona o mujer adulta, que simplemente está socialmente desconectada. La variedad de escenarios que podrían salir mal son muchos, pero críticos para la iglesia y el pastor que quieren hacerlo correct-amente.

> *"La percepción es realidad para quien que la percibe."*

- o Sé responsable, ora y has que tu equipo esté bien capacitado.
- ¿Tenes medidas de seguridad en el "check-in" para los niños?
- ¿Tenes un registro para niños o cuidado de niños?
- ¿Estás preparado para las preguntas de los padres? Por ejemplo,
  - o Qué pasa si mi excónyuge aparece y dice que él había arreglado para recoger a mis hijos hoy? ¿Tu obrero va a creerle y dejarle llevar a los niños?
  - o Mi bebé tuvo una erupción cuando llegamos a casa de la iglesia después de su tiempo en la guardería. ¿Por qué no cambiaste su pañal?
  - o Si cambió los pañales, ¿marcó la hora, fecha, y firmó el nombre en el pañal para la confianza de los padres?
  - o ¿Por qué son los obreros con los niños adolescentes? ¿Han tenido algún entrenamiento?
  - o Soy un padre nuevo y ansioso. ¿Puedo tener la confianza de que ellos protegerán y cuidarán bien a mis hijos?

- Las medidas de seguridad para el "check-in" deben implementarse no solo para la guardería sino también para el culto de los niños. A veces, los niños de la iglesia (de 5 años a 5º grado) tienen su propio servicio y, de ser así, deberían tener un procedimiento de registro y salida propios. Si se despide a los niños al culto de los niños durante el servicio, considere la posibilidad de cambiar a un sistema en el que los padres los registren antes del servicio y que tengan que firmar cuando los retiran del servicio.

  > *"Haz de tu guardería un ministerio."*

- Ten en cuenta que la guardería no es niñera. Convierta tu guardería en un ministerio, tan importante como el que ofreció la clase de adultos en otra aula. Te sorprenderás de lo que los pequeños aprenden y retienen años después.

Capítulo 5

¿Las Personas se Incorporan y se Saludan?

- O, ¿entran, justo a tiempo, y se van tan pronto como finaliza el servicio, sin tomar el tiempo para hablar con otras personas?
  o ¿Qué métodos puedes usar para motivar las relaciones entre las personas?
  o ¿Entre los hermanos de la iglesia?
  o ¿Entre grupos sociales o demográficos?
    - ¿Sin crear ni fomentar élites?
- ¿Has dirigido, alentado y capacitado a la congregación en cuanto a cuál es el próximo paso después de su asistencia al servicio?
  o ¿Les ha indicado la disponibilidad de los recursos gratuitos para ayudarlos a crecer espiritualmente y/o conectarse con la familia de tu iglesia?

Capítulo 6

Mayordomía: Recibiendo Diezmos y Ofrendas

- Puedes ganar o perder, todo depende de la forma en que manejas los diezmos y las ofrendas.
- Algunas iglesias consideran que el dar los diezmos y las ofrendas es un acto de adoración, y agregan más significado al hecho si las personas llevan su ofrenda (si son físicamente capaz) al altar en lugar de pasar el ofrendero. Si no pueden físicamente, podes tener un ujier disponible para ayudarlos.
  - Algunas iglesias lo hacen con éxito, pero ten en cuenta que hay personas que asisten que se sienten incómodas al hacerlo, o piensan que es algo raro. Conoce bien a tu audiencia y hazlo cómodo para tus invitados.
  - Otras iglesias rara vez enseñan sobre los diezmos y las ofrendas durante el servicio y simplemente tienen una caja de ofrendas en la parte posterior del santuario. Si tu iglesia opta por esta estructura, comunica bien tu sistema.
- Toma nota, no TOMAMOS los diezmos y las ofrendas de las personas. Recibimos sus diezmos y ofrendas.
  - Hay una gran diferencia en la forma en que eso suena, especialmente para aquellos que todavía no están convencidos del concepto.

- ¿Es posible que los diezmos y las ofrendas sean en realidad adoración?

> *"¿Es posible que los diezmos y las ofrendas sean en realidad adoración?"*

  o Si crees eso, ¿por qué no dedicar más tiempo y esfuerzo con él, explicándolo, enseñándolo y ayudando a las personas a sentirse más cómodas a través de tu comunicación al respecto? ¡Es bíblico!
- ¿Podrías ayudar a los invitados si les explicas que no tienen que sentirse obligados a dar si son nuevos a la iglesia, porque estamos muy contentos de que estén aquí con nosotros?
- ¿Alguna vez has dicho, "si está escribiendo un cheque, simplemente escríbalo a _____?"
  o Ten Confianza. Ayuda a las personas que necesitan esas indicaciones. Las ovejas necesitan un pastor, y buscan a los pastores para que les guíen. A menudo van a donde el pastor los lleva. Y nunca irán a donde no los llevan.
  o Ya sea que tu iglesia diga "mande texto para dar" o "dinero en efectivo y/o cheques," asegúrate de comunicar bien qué hacer, cómo hacerlo y por qué lo haces. Es muy importante.
- ¿Qué te parece si tomas dos minutos para dar una breve enseñanza antes de recibir los diezmos y las ofrendas?
- ¿Tu iglesia todavía tiene alguien que ora por la ofrenda? Si es así, establece ese ambiente, al igual que lo demás.
  o ¿Hay música durante la oración?
  o La persona está orando en voz alta, ¿Es lo suficientemente fuerte para que se escuche? ¿Necesita un micrófono?
  o ¿Es rutinario y sin sentido, o es reflexivo y significativo?

Capítulo 7

Anuncios Especiales y Presentaciones

- Si no pertenezco a la denominación de su iglesia o si no he experimentado tu "tradición (es)", ¿cómo diseñas tus servicios para que mi familia y yo nos sintamos bienvenidos y no temerosos?
- Presta atención a las transiciones.
- Reconozcas que la oración es clave e importante, pero ten en cuenta la cantidad de veces que tu o los líderes se detienen para orar en el servicio. Orar, sí, pero ¿necesitas orar corporativamente diez veces en cada servicio?
- Prepárate para explicar todo lo que haces y las razones por las que lo haces (el qué y el por qué) cada semana.
    o Espera invitados y prepárate para ellos. Eso incluye estar preparado, y que hermanos fieles lo reconozcan, que vas a explicar cosas cada semana que la mayoría piensa que son redundantes o innecesarias. Pero, ten en cuenta, si es mi primer servicio, quiero y necesito escucharlo. Por lo tanto, has que los hermanos fieles simplemente lo acepten y se acostumbren para poder tener el privilegio de una cómoda asimilación.

> *"Presta atención a los segues y transiciones."*

- ¿Qué es la Santa Cena? ¿Me permite participar?

- Por ejemplo, crecí en un entorno denominacional que servía la "Santa Cena cerrada." En otras palabras, uno tenía que ser miembro de esa iglesia para ser bienvenido a participar en la Santa Cena. Ahora, si bien esa no es mi postura teológica, ni mi preferencia personal (quiero dar la bienvenida a todos los que son parte de la familia de Cristo), hay que tener en cuenta que los invitados que asisten provienen de diferentes orígenes eclesiásticos y necesitan saber y entender tu proceso, lo que se les pide o que se acepta para estos asuntos. Son respetuosos y no quieren hacer nada que esté fuera de orden. Entonces, ayúdales a saber qué "está bien hacer" o qué "no deben hacer," según sea el caso.

> *"Hice un esfuerzo consciente de que cada vez que uno de nuestros servicios incluyera algo sobre lo que cualquiera de mis amigos, vecinos o miembros de mi familia sintiera curiosidad, yo subía cómodamente al púlpito y leía brevemente lo que la Palabra de Dios dice sobre el tema."*

- ¿Qué son esas "lenguas que acabo de oír"
  - ¿Haces un esfuerzo consciente para explicar regularmente estos asuntos en los servicios a medida que suceden?
  - Yo lo hice, cuando fui pastor. Crecí bautista. Fui a un seminario metodista. Tengo varios amigos que son católicos, tradicionales, independientes, presbiterianos, luteranos, nazarenos, episcopales, ... lo que sea. Entonces, hice un esfuerzo consciente cada vez que uno de nuestros servicios incluía algo que cualquiera de mis amigos, vecinos o miembros de la familia sintieran curiosidad, fui al púlpito y leí brevemente la palabra de Dios sobre el tema.
  Por ejemplo, si se tratara de un mensaje en lenguas que alguien ofreció, por lo general leía los escritos del

apóstol Pablo en 1 Corintios 14, señalando especialmente los versículos 14: 5, 13-15, 18, 22, 27-29, 39. Creo que tienes la idea ahora.

Capítulo 8

Hospitalidad para los Predicadores Invitados

- Ve la segunda milla cuando se trata de recibir invitados especiales. Te recordarán a ti y a tu iglesia, y el honor a Cristo se transmite al hacer estas cosas "como al Señor."
- Ponte en contacto con su asistente administrativo (o con quienquiera que pueda ofrecer la información) antes de su llegada y averigua (si es posible) qué bocadillos o bebidas preferidas tienen. Prepara una pequeña canasta de regalo y déjala en la habitación del hotel antes de su llegada.
- Si bien las costumbres pueden variar culturalmente o de acuerdo con varios estándares denominacionales o de amistad, la experiencia de este autor es que los pastores siempre deben planear dar a los predicadores invitados un honorario lo más generoso posible de acuerdo con las posibilidades de la iglesia.
  - Ver Lucas 10:7; Hechos 6:2; 1 Corintios 9:9-14; Filipenses 4:16-19; 2 Tesalonicenses 3:7-10
- Considera ofrecer, según sea necesario, transporte, hoteles, comidas, etc.
  - La mayoría del tiempo los predicadores invitados no necesitan extras como estos, pero estarán agradecidos por tu oferta generosa.
  - En otras ocasiones, será necesario.

- o Y, en función de quién es tu predicador, considera que muchos líderes/predicadores están de viaje muchas semanas/fines de semana del año, por lo que su privacidad y comodidad son necesarias.
- o Si bien en los años pasados los hospedábamos en la casa del pastor/dormitorio para huéspedes, pueden ser menos privados, y para un predicador cansado que ha estado viajando muchas horas o muchos días, un hotel puede ser más apropiado.
- Considera los compromisos antes de la llegada del invitado (para que puedan planificar), por ejemplo, si el pastor o alguien en el equipo de liderazgo los recibirá o los llevará a almorzar.
  - o Si nadie dice nada, entonces el invitado llega preguntándose cuál es el plan o cuáles podrían ser las expectativas del pastor/líder después del servicio. Esto debe ser resuelto con anticipación para que el invitado pueda saber si él o ella continuará y dejará el servicio (volverá a viajar) o si debería esperar después del servicio para el pastor u otra persona para llevarlos a almorzar.
- Si es útil para tu iglesia, considera pedirle al invitado que se quede después de predicar para una sesión de liderazgo, o enseñanza con el personal de la iglesia, o la mesa directiva, o los diáconos (con sus parejas), según se considere necesario.
  - o Los predicadores invitados suelen ser líderes y no les cuesta hacerlo, siempre que sepan con anticipación. Muchas veces los pastores no preguntan, porque no lo habían pensado o no sabían que se les permitía preguntar.
  - o Si agregas sesiones de enseñanza adicionales, etc., entonces considera aumentar el honorario.

Capítulo 9

El Equipo de Alabanza

- ¿Han ensayado? ¿Están unidos y listos para el ministerio público? Las pruebas de sonido y los ensayos deben completarse no menos de 30 minutos antes del servicio.

> *"¿Han ensayado? ¿Están "unánimes" y "listos" para ministrar en público?"*

- Y, lo leerás en otra parte de este libro, despeja la plataforma.
- ¿Conocen bien las palabras o están tratando de aprenderlas mientras lo leen estando en la plataforma?
- Asegúrate que las voces de los cantantes se oyen por encima de la música (los instrumentos).
- ¿Son artistas, cantantes o ... adoradores?
  - Hay gran diferencia.
- ¿Cantantes en sintonía? ¿Pueden cantar bien? ¿Están dotados de Dios?
  - Ten en cuenta que los líderes de la iglesia no deben buscar únicamente a cantantes y músicos talentosos, sino a adoradores ungidos.
  - Es muy importante.
    - Lo mismo con tus músicos.
      - ¿Son músicos de primera? ¿O de segunda? ¿O de tercera?

- ¿Cómo se visten?
  - Ver más en el capítulo 16.
  - ¿Tiene tu iglesia un nivel que estás deseando?
    - Si es así, ¿está realmente en tu ADN? ¿Y si lo es, sabes por qué? O, ¿deberías reconsiderarlo a la luz de alcanzar a otros para Cristo (el propósito de la Iglesia)?
- Si el equipo de alabanza está ensayando el domingo por la mañana, ten en cuenta cómo la música está impactando a las clases de la Escuela Dominical u otras actividades. Por ejemplo: En un edificio pequeño, cuando puede haber tres clases de Escuela Dominical al lado del santuario, ¡podría ser bastante ruidoso y distrae esas clases si el equipo de alabanza está ensayando!
- La presentación de la plataforma es todo, ¡especialmente en un entorno más pequeño! Si tus pantallas están bajas debido a un techo bajo, trata de no colocar a tu equipo de alabanza justo al lado de las pantallas. Cuando las personas deben estar adorando o viendo la letra (si no conocen las palabras), la realidad es que las personas fijan sus ojos en los músicos y no están adorando.

> *"En la plataforma, la escenografía lo es todo, ¡especialmente en un entorno pequeño!"*

- Si no tienes ninguna presentación dramática regularmente y/o si el pastor predica constantemente desde el piso (no la plataforma), considera deshacerte de la plataforma por completo. ¡No hay necesidad de elevar solo a los músicos!
- Considera el "estand de música" como un mal necesario. Muchas personas han estado tocando música por más de veinte años y aún tienen dificultad para memorizar.
- Si el espacio lo permite, coloca algún tipo de monitor en la parte posterior del templo para que el equipo de alabanza pueda ver las palabras que la congregación ve. ¡Puede resolver muchos casos de palabras fuera de orden!

- Una cosa muy recomendable para los equipos de alabanza es obtener una aplicación para el celular. Por ejemplo, una de esas aplicaciones se llama "OnSong." Es un gran programa que se puede usar con iPhone o iPad y elimina completamente las hojas de papel. Otra aplicación se llama "Music Stand" a través del Centro de Planificación en línea (PCO). Music Stand es una extensión de PCO una vez que te subís al escenario. Tus necesidades pueden ser agrupadas en cuanto a lo que tu iglesia quiere desarrollar.
- Junto con eso, el servicio Song Select de CCLI es una herramienta invaluable para descargar canciones preformateadas para tu computadora y tablas de los acordes para OnSong. OnSong cuesta $25 por elemento electrónico, Song Select cuesta $155 por año para iglesias más pequeñas ... ¡pero vale la pena cada centavo!

Capítulo 10

La Predicación de la Palabra

- Los principios generales de la homilética, la retórica y el arte de predicar son fundamentales para establecer la atmósfera para el día del Señor.
  - Un dicho dice: "La práctica hace la perfección." Entonces, cuanto más prediques, mejor serás en el arte de predicar.
  - Desarrollarás tus estilos únicos dados por Dios al tomar tiempo estudiando la Palabra de Dios y en la entrega de la Palabra.
  - Si a las personas no les gusta el estilo de los mensajes, es muy probable que, en la cultura posmoderna de hoy, no se queden por mucho tiempo.
  - Encuentra una manera de alcanzar a tu audiencia y saber que ellos son imprescindibles para el desarrollo de una iglesia saludable, a quien puedes mentorear y discipular.

> *"Encontrar una manera conocer y de llegar a tu audiencia es imprescindible para crecer una iglesia saludable, mentorear y discipular al pueblo de Dios."*

- Es importante que el predicador u orador haya estudiado las formas artísticas de los diversos estilos de sermones,

indicará cómo tu audiencia recibirá lo que ofrecen los mensajes.
- Textual, Tópico, Típico, Expositivo, Biográfico, Analítico, Analógico: cada uno ofrece diferentes enfoques sobre qué y cómo uno ministra los textos de las escrituras.
- Ten en cuenta que, con varias herramientas de enfoques estilísticos o persuasivos que pueden aprenderse, Pablo (quien fue un orador elocuente, Hechos 17) describió su predicación como "no con palabras sabias o persuasivas, sino con una demostración del poder del Espíritu" (1 Corintios 2:4).

Capítulo 11

Y Ahora La Plataforma

- ¿Hay botellas de agua en la plataforma?
  - ¿Plástico? ¿Papeles? ¿Ruido crujiente?
  - ¿Hay vasos claros con agua?
- ¿Kleenex o cajas de pañuelos?
  - ¿De varios colores? ¿Varias tallas?
  - ¿Qué tal la ubicación? ¿Es al menos simétrico?
- ¿Cables y alambres?
  - ¡Que feo!
- Estands de música
  - Pedile a tu equipo de alabanza que aprenda la música y que preparen las pantallas visibles en la pared posterior para ayudarles a evitar los "estands" de música y de tener el enfoque en la hoja de música en vez de adorar y guiar a la gente en una adoración significativa y profundamente personal.

  > "¿Y si mejor usamos vasos con agua?"

  - A menudo, el "estand de música" produce más obstáculos de lo que ayudan, especialmente para los cantantes.
- ¿Hojas de música y libros en el piso?
- "¿Estands" para la guitarra y estuches apoyados contra las paredes o tendidos en el suelo?

Capítulo 12

Permitiendo que el Espíritu Santo Participe

- Prepara la plataforma. ¿Te has dado cuenta de lo difícil que es para ti/nosotros, entrar en una atmósfera de "espiritualidad" y "adoración" cuando acabamos de salir del supermercado, del campo de futbol, o de una conversación con el jardinero? Entonces, piensa en la gente mientras ellos entran a la iglesia. Luego, piensa en tu equipo de alabanza. Ambos son iguales.
  - Considera que el equipo de alabanza comience la adoración 15 minutos antes; o tengan un tiempo de 30 minutos a 1 hora de oración, adoración y ministerio juntos, inmediatamente antes de que entren a la plataforma para dirigir la alabanza.

    > *"Canta más canciones al Señor que acerca del Señor."*

  - Luego, las 2-3 canciones en las que se están "calentando" y "ni siquiera están sintiendo la presencia de Dios todavía." A medida que comienzan en el culto, inmediatamente irán más profundo y rápido a la presencia del Señor (porque están "en sintonía," "preparados," "sazonados," "listos" y ya están preparados para Su presencia.
  - Eso se traducirá en que el público experimenta Su presencia con rapidez y profundidad.
- Canten más canciones al Señor que acerca del Señor.

- o Esto traerá los corazones de la gente para adorar al Señor directamente.
- No te apresures con las canciones.
  - o A veces usa ritmos lentos a propósito, de esa manera permitiendo que las melodías penetren en el corazón de los adoradores.
  - o No te apresures a través del orden del culto. Guíalos allí, luego permita que la gente entre en la presencia de Dios.
  - o Hay que estar dispuesto a esperar en su presencia. No podemos tener prisa si le pedimos a Dios que venga a reunirse con nosotros. Es como decirle: "Ven a reunirte con nosotros, trae Tu presencia, pero solo tengo 60 minutos (para un servicio de una hora) u 80-90 minutos, incluyendo todas las cosas periféricas que necesita nuestro servicio (si tu servicio comienza a las 10:30 am, por ejemplo). Eso sería ofensivo. ¡Ven al culto, pero hazlo en mi tiempo! Tengo que salir...

> *"Estemos dispuestos a esperar en su presencia."*

  - o Hay que estar dispuesto a dejar que el Espíritu Santo dirija el culto, y estar dispuesto a demorar y permitir que la adoración de la gente permanezca en Su presencia: "Si" llegas a "Su presencia" (A sus atrios, por decirlo así).
- Enfócate en la Palabra de Dios.
- Trabaja para asegurarte de que el equipo de alabanza no esté impulsado por el rendimiento o como se ven.
  - o No permitas que los hermanos se sientan que solo están escuchando al equipo cantar.
  - o El tiempo de adoración es para que los hermanos adoren y honren al Señor Jesucristo personalmente, no como si estuvieran escuchando y cantando con la radio.
- Transiciones
  - o Las distracciones hacen exactamente lo que dice la palabra, distraen. Las transiciones durante el servicio deben ser bien pensadas, planificadas y ejecutadas para evitar distracciones innecesarias.

- Después de que termina la cuenta regresiva de 5 minutos, el equipo de alabanza comienza a tocar, se encienden las luces y se saluda a la iglesia. Nunca debe haber espacio muerto a menos que estés esperando al Espíritu Santo.
- Las transiciones durante la adoración son exitosas basadas en la consideración de una clave a otra. Si la canción de apertura está en La y la segunda canción esta en Do, piense en un punto intermedio. Cualquier equipo de adoración debe reconocer esto y darse cuenta de que la primera canción podría ir a Ti o incluso a Do para hacer la transición correcta. Aunque no hay una ciencia perfecta para esto, existe excelencia en la adoración, y escuchar a una banda ir de La a Re puede ser insoportable para escuchar y, en última instancia, distrae.

  > *"Permite que el Espíritu Santo dirija el servicio."*

- Asegúrate de reunirte con tu equipo de video y repasar las indicaciones, la configuración del volumen y lo que aparece en la pantalla durante el servicio. Las personas son visuales y, además, se dan cuenta cuando algo no está prendido. Así que toma el tiempo para eliminar las distracciones visuales y audibles.
- La iglesia es exitosa basada en sus personas y voluntarios. Entonces, si necesitas ayuda durante un servicio, informa a tu equipo cuándo debe presentarse antes del servicio. Es bastante incómodo cuando un predicador claramente no está listo para algo y comienza a preguntar a Jaime o Roberto desde la plataforma "¿Me pueden ayudar con esto?" Simplemente no lo hagas. Punto y aparte.

  > *"Enfócate en la Palabra de Dios."*

Capítulo 13

El Cierre del Servicio: Llamado al Altar y Oración

- No lo alargues innecesariamente. No somos más espirituales porque nuestros servicios de adoración son más largos. Recuerda, Dios puede hacer más en un abrir y cerrar de ojos (un segundo) de lo que el hombre puede hacer en toda la vida.

> *"Que nuestros servicios de adoración sean más largos no nos hace más espirituales."*

- ¿Has trabajado de antemano con el equipo de alabanza, un músico, o "música grabada en un CD," o si eres tú mismo en la guitarra, el piano o lo que sea, en cierto momento del mensaje, para que la música se agregue silenciosamente al cierre del mensaje?
- Los instrumentos solos funciona mejor, hasta el momento específico y adecuado para las voces.
- Siempre da lugar para que la congregación pueda responder al final de cada mensaje.
  - O, como decimos, un llamado al altar.
  - Sepas que la gente ha venido al servicio con cargas pesados y desea que alguien ore por ellos; ofrece la oportunidad.

- Prepárate para que el Espíritu Santo le hable a alguien, incluso cuando tu mensaje no fue acerca de la salvación, de lugar para que entreguen su vida, o que hagan una nueva entrega de su vida a Cristo.
  - Promueve el bautismo en agua, y que sea pronto.
  - Promueve el bautismo en el Espíritu Santo, y que sea pronto.
- Equipos de oración
  - Algunas iglesias tienen ancianos o equipos de oración designados que vienen al frente para orar por las personas que pasaron adelante.
  - Si lo haces, capacita los equipos de oración para que ellos sepan lo que se espera de ellos y que entiendan cómo participar de manera significativa, mientras oran por otros.
  - Hay que tener recursos disponibles para que los miembros del equipo entrenado los utilicen y los ofrezcan a aquellos quienes pidieron oración.
- Pañuelos o delantales de oración
  - Algunas iglesias tienen pañuelos de oración disponibles para ungir con aceite y dárselas a las personas que vienen al altar a orar.
  - Si haces esto, estudia bien los pañuelos de oración; Se informado; saber el porqué, dónde, y cuándo.
  - Considera tener un "sello" con el nombre de su iglesia y la información de como contactarse, un versículo de la Biblia, etc., estampado en cada pañuelo ... o sea el ministerio de un grupo de tu iglesia que prepare los pañuelos de oración, y orar por ellos, antes de enviarlos al Pastor para los cultos.

> *"Siempre da a la iglesia la oportunidad de responder al final de cada sermon."*

- Varios relatos bíblicos sirven como base para la práctica moderna de usar un pañuelo de oración para ayudar al que ora a recibir respuestas positivas a través de la oración. Mateo 9:20–22 cuenta la historia de una mujer que había sufrido una hemorragia durante doce años.

Ella logró tocar el borde del manto de Jesús, creyendo que este simple contacto la sanaría. Jesús respondió en el versículo 22, diciéndole: "Tu fe te ha sanado." Mateo 9:22

Mateo 14:34–36, la gente de Genesaret tuvo un pensamiento similar. Todos los enfermos de la zona deseaban tocar solo el borde del manto de Jesús. Todos los que lo hicieron fueron sanados. Hechos 19:11–12 relata cómo los pañuelos que Pablo había tocado y se llevaba a los enfermos con la esperanza de que las personas se sanaran de las enfermedades y de los espíritus malignos.

- o El pañuelo de oración es un recordatorio de que un grupo de personas está orando por un amigo enfermo. El grupo puede orar mientras tiene el pañuelo en la mano y luego lo envía a su amigo, quien lo mantiene cerca como un consuelo.
- ¿Tienes una botella de aceite para ungir en algún lugar de la plataforma/altar para que el equipo pueda ungir a las personas, si es necesario o deseado?
  - o A menudo las iglesias dicen que creen en eso, pero no se dan cuenta de que están mal preparadas y no han agregado estos elementos al altar.
  - o Si haces esto, estudia el aceite de la unción; Estudia para ser informado; saber qué, por qué, dónde, y cuándo.
- El aceite para ungir es mencionado 20 veces en las Escrituras, se usaba en el Antiguo Testamento para derramar sobre la cabeza del sumo sacerdote y sus descendientes y rociar el tabernáculo y sus muebles para marcarlos como santos y apartarlos para el Señor (Éxodo 25: 6; Levítico 8:30; Números 4:16). Tres veces se llama el "aceite santo para ungir" y se prohibió estrictamente a los

israelitas reproducirlo para uso personal (Éxodo 30:32-33). La receta para el aceite para ungir se encuentra en Éxodo 30:23-24; contenía mirra, canela y otros ingredientes naturales. No hay indicios de que el aceite o los ingredientes tuvieran algún poder sobrenatural. Más bien, el rigor de las pautas para crear el aceite fue una prueba de la obediencia de los israelitas y una demostración de la absoluta santidad de Dios.

Cuatro pasajes del Nuevo Testamento muestran la costumbre de ungir con aceite, y ninguno de ellos ofrece una descripción de su uso. Sacamos nuestras suposiciones del contexto. En Marcos 6:13, los discípulos ungen a los enfermos y los sanan. En Marcos 14:3-9, María unge los pies de Jesús como un acto de adoración. En Santiago 5:14, los ancianos de la iglesia ungen a los enfermos con aceite para sanidad. En Hebreos 1:8-9, Dios le dice a Cristo cuando regresa triunfalmente al cielo: *"Tu trono, oh Dios, durará eternamente,"* y Dios unge a Jesús "con el aceite de alegría."

- Siempre da lugar para un tiempo de oración durante la adoración. Este es un momento en el que el pastor/líderes/equipo ofrece ungir a las personas y orar con ellas por cualquier necesidad que tengan (o, las personas pueden orar solas en el altar). He visto una respuesta asombrosa a esto, ya que algunas personas tienen necesidades de oración que no están relacionadas con el sermón o incluso con las iglesias que incorporan la Santa Cena cada semana en este momento.

Capítulo 14

¿Cuáles son los Obstáculos en Cualquier Iglesia?

- Instalaciones sucias.
- No tener presencia en la internet o si tienen no es buena.
  - En la cultura actual, las iglesias deben considerar tener una página web y tener presencia en las redes sociales. Es la puerta de entrada virtual a la iglesia. La mayoría de los que visitan hoy por primera vez ya saben todo acerca de tu iglesia antes de su visita. Quieren aprender todo acerca de tu iglesia antes de visitarla en persona.

  > "Las iglesias deben considerar los sitios web y la presencia en las redes sociales en la cultura de hoy. Es la puerta virtual de entrada a la iglesia."

  - ¡En lugar de tener un sitio web, una página de Facebook bien hecha con la información correcta puede ser igual de efectiva y menos costosa! La clave es mantenerla actualizada (intenta publicar a lo menos una vez a la semana).
  - Sin embargo, las iglesias que solo usan la página de Facebook hoy en día se pueden considerar menos

profesionales, menos organizadas y menos preparadas para la llegada de invitados y los compromisos de membresía. La mentalidad de los "de afuera" que ven las páginas de Facebook lo consideran solo para los de casa.
- Cambios inmediatos.
  o Nuevos pastores y líderes que cambian las cosas de inmediato se desvinculan de la historia y el pasado de la iglesia, solo con la esperanza de un futuro mejor.
  o Si bien hay ocasiones (debido a un historial adverso) en que se deben hacer cambios de inmediato, pero son pocos y raros.
  o Ve despacio. Lentamente. Lentamente.
  o Respeta el pasado. Respeta a los pastores y líderes anteriores. Respeta la historia de la iglesia y los ministerios anteriores. Respeta lo que Dios ha hecho previamente en tu iglesia.
  o Si hay algo bueno, piensa en estas cosas.

> "Ve lentamente. Lentamente. Lentamente."

- Miembros que les dan "un vistazo feo" si alguien está sentado en "su" asiento.
- Un servicio monótono y mediocre o un servicio sin escrúpulos.
- Usan el idioma de la iglesia: por ejemplo, las "AD" se reunirá en "El Campamento" para el evento de "los Exploradores del Rey" el sábado.
- Poca señalización o nada.
- Un sitio web que simplemente no debería ser
- No hay culto de niños o no hay sala cuna
  o Peor aún: iglesia y sala cuna insegura – sucia – incómoda

- Personas alejadas, distante, percibidas como hostiles
- Cuando es tiempo de saludarse, muy pocos lo hacen.
- Cuando es difícil involucrarse, estar conectado, ser parte de la iglesia.
  o Si no sienten que pueden ser parte, la gente se irá rápidamente.
  o Sentirse invisible duele.
- Cuando la iglesia tiene grupos exclusivos.
- ¿Y qué de la predicación? ¿Alguna vez te autocriticas a ti mismo o a los otros que predican? Deberíamos.
- Si los que asisten no sienten que están obteniendo algo en los servicios, no están aprendiendo nada...
  o A veces es porque no comunicamos con claridad.
  o ¿Tenemos un punto claro a nuestro mensaje?
  o ¿Usamos ayudas, como diapositivas de PowerPoint (pasadas de moda), folletos o accesorios de sermones ilustrados?
  o ¿Usamos las palabras que solo la iglesia entiende? Espero que no. Habla con una voz normal y usa el inglés americano (si eres una congregación de habla inglés, como sería mi caso) como lo harías el viernes por la noche en un restaurante local. De lo contrario, habla tu idioma natal, sea el español, francés, lo que sea.
    - Simplemente no tengas una voz distinta para la iglesia o cuando predicas. No es auténtico.
- ¿La gente siente la presencia de Dios en los servicios de la iglesia?
  o Si no, serán apáticos y superficiales en su compromiso.

> *"Si no encuentran una "comunidad" o no sienten "parte de" la iglesia, las personas se irán rápidamente."*

45

- Nunca olvidaré la primera vez que experimenté personalmente "sentir" la presencia tangible de Dios en un servicio. Créame, la mayoría de las iglesias no tienen eso, y la mayoría de nosotros asistimos a iglesias que no lo tienen. Es un regalo. No siempre se siente y no tendría que ser así.

> *"Nunca olvidaré la primera vez que experimenté "sentir" la presencia tangible de Dios en una iglesia. Confíe en mí, la mayoría de las iglesias no ofrecen eso, y la mayoría de los que asistimos a las iglesias no experimentamos eso."*

- Fallas de carácter en el liderazgo de la iglesia.
  - Fallas morales
  - Hipocresía, real o percibida.
  - Falta de consistencia en la toma de decisiones.
  - Etc.

Capítulo 15

Bautismo en Agua, Dedicación de Bebes, Eventos Honoríficos

- Ten en cuenta el "tiempo;" el horario es importante, especialmente si te encuentras en el contexto norteamericano.
- Pon las escrituras que vas a leer en tus notas, o en PowerPoint/en pantalla para ayudar.
- ¿Lo haces cuando sea o trimestralmente o..?
  - Si lo programas trimestralmente o algo por el estilo, entonces es probable que tengas más de un individuo o niño a la vez.
- Para la dedicación de bebés y bautizos, ofrece un regalo (o regalos) como:
  - una biblia
  - Estudios o libros
  - Ten alguien que saque fotos para las familias y luego se las imprima y se las envías por correo o por correo electrónico
    - Obtén permiso antes de publicar en Facebook, especialmente si hay niños en las fotos.
  - ¿Hay personas VIP (muy importantes) que necesitan estar presentes o participar?

- Para los bautismos, ¿mantienes disponible en todo momento lo siguiente?
  - Camisetas/vestidos (por modestia)
    - Algunas iglesias proveen a cada persona que se bautiza con una camiseta que dice: "Bautismo," "He decidido," "Jesús quitó mi pecado," o "Hecho nuevo." ¡No te olvides de sacar la foto!
  - Toallas
  - Secador de pelo
  - Voluntarios para este ministerio; Si planificas un bautismo, necesitarás asistentes que ayuden a las personas desde el principio hasta el fin, para que no tengan preocupaciones ni problemas para cambiarse de ropa, cabello, etc.
  - Un pastor que conozco cubre una bandera cristiana alrededor de cada candidato bautismal cuando salen del bautismo.
  - Tu iglesia puede elegir otra idea única para hacer que tus bautismos sean especiales.
- Para eventos honoríficos, ¿ofreces un regalo especial a la persona que recibe el honor o a su familia?

Capítulo 16

¿Qué Tipo de Vestimenta Usas?

- Los estilos han cambiado mucho en 20 años, especialmente en la cultura de hoy. Todo parece ir y venir en un ciclo de 25 años, más o menos. Pero, todavía hay culturas de la iglesia que están bastante estructuradas en sus normas.
- ¿Cuál es la cultura de vestimenta de tu iglesia para la plataforma?
    o ¿Tienes un código de vestimenta?
    o ¿Qué es apropiado y que no es apropiado?
        - Cualesquiera que sean tus normas de vestimenta, seas respet-uoso, simple, fácil de definir y consistente.

> "No importa, hasta qu ... llegas el domingo... y entonces importa."

    o No importa, hasta que ... llegas el domingo y ... es importante. Y ya es demasiado tarde para lidiar con el asunto en ese momento.
        - El daño causado en esa instancia se puede evitar si eres proactivo y si tienes un plan y una razón para la visión y cultura de tu iglesia.
        - Saber quién eres será beneficioso para ti, tu equipo en la plataforma, los miembros, los asistentes, los invitados y la comunidad local en general.

Capítulo 17

Maestros de Escuela Dominical

- Los maestros siempre deben llegar 15-30 minutos antes que el primer alumno o los participantes lleguen.
- Los maestros siempre deben estar preparados.
- Los maestros siempre deben tener un suplente, alguien con ellos como asistente (cuando sea posible), para cubrir las necesidades que puedan surgir y capacitados para liderar, según sea necesario.

> *"Los maestros siempre deben tener un suplente."*

Capítulo 18

Creando Envión para el Desarrollo de los Esfuerzos Ministeriales, Ofrendas Especiales, y Proyectos

- La primera clave es hablar del proyecto a menudo.
- Mencionar los puntos claves para crear envión en cada oportunidad que hablas con la congregación.
  - Mensajes/Sermones
  - Anuncios
  - Oraciones especiales
  - Invitados especiales para tratar temas específicos (invita a misioneros que prediquen regularmente)
- Una segunda clave es terminar lo que comienzas.
  - La cancelación de eventos o servicios programados, salidas o actividades de evangelismo, por cualquier motivo, desalienta a los miembros y capacita a las personas para que no confíen cuándo se anuncian o se programan los eventos.
    - La gente comienza a preguntarse si realmente ocurrirá el evento y, por lo tanto, comienzan a optar por no

> "Cancelar eventos o servicios, salidas o actividades evangelísticas, por cualquier motivo, desanima a los feligreses y predispone a las personas para ser escépticos cuando se anuncian o programan otros eventos."

asistir, esperando que no suceda o adivinan entre ellos si lo que has anunciado será o no.

- Esto definitivamente causará una disminución en la asistencia y fidelidad entre los miembros, así como el de los líderes claves.

Capítulo 19

Sistemas para Grupos Pequeños (células)

- ¿Has desarrollado en tu iglesia opciones de grupos pequeños (células) para que la gente/congregación se involucren más con el ministerio, el discipulado y para ser siervos?
- Ten en cuenta que los grupos pequeños nunca deben ser un apéndice, sino que se tomen decisiones con intencionalidad en cuanto al ministerio y la cultura.
  - A menudo las iglesias tratan de hacer "un poco de esto, y un poco de aquello," olvidando la intencionalidad de las decisiones culturales sobre cómo eligen hacer el ministerio. Es importante recordar que si tu iglesia opta por un modelo de grupos pequeños, sería una consideración típica que la tradicional "Escuela Dominical," los estudios bíblicos entre semana, o el protocolo anterior de estos programas sean reemplazados por la decisión del sistema de grupos pequeños.
  - Si la iglesia trata de hacerlo todo, todos los programas sufrirán. Por lo tanto, toma tus decisiones y trabaja hacia esos sistemas para lograr una mayor efectividad.
- ¿Qué opciones demográficas funcionarían conociendo tu entorno?

- ¿Existe una estructura de capacitación sistemática para los líderes, las discusiones y los temas para el grupo, y las configuraciones de las escrituras y dinámicas de grupo para tus grupos pequeños?

Capítulo 20

Sistemas de Entrenamiento para el Liderazgo

- ¿Has desarrollado en tu iglesia oportunidades de capacitación en liderazgo para el personal, para los líderes a tiempo parcial y para los voluntarios?
  - Y, ¿tienes eventos y servicios programados en la agenda de tu iglesia para honrar a los líderes, voluntarios y personal?
- ¿Qué opciones demográficas funcionarían para ti en tu entorno, específicamente en el contexto del desarrollo de liderazgo?
- ¿Has considerado el desarrollo específico de personal multi-generacional, multiétnico, multicultural, líderes y voluntarios de ministerios en tu iglesia?

Capítulo 21

Sistemas de Asimilación

- ¿Tienes un sistema para hacer un seguimiento de la asistencia semanal y mensual de los que asisten regularmente, así como los invitados y los que asisten por primera vez?
- Considera tener un director o Pastor de Asimilación o Conexiones como parte de tu equipo: sea voluntario, a tiempo parcial o tiempo completo, según sea el caso.
- Considera tener Líderes de Zona de la comunidad, en varios lugares de tu ciudad y los vecindarios.
- Considera tener Líderes de Zona del Santuario dentro de la iglesia que supervisarían ciertas áreas y se encargarían de saludar a aquellos en esa sección en particular, conocer a los recién llegados y cuidar, orar y ayudar a comunicar las necesidades de los hermanos al pastor y al equipo pastoral.

"¿Tienes alguna forma de registrar la asistencia semanal y mensual de los miembros regulares, así como de los invitados y los que asisten por primera vez?"

- ¿Tienes tarjetas de comunicación?
  o Algunas iglesias colocan estas en los bancos o sillas dando la oportunidad para que los asistentes puedan

comunicar las peticiones de oración y otras necesidades al equipo pastoral.
- o Y si tienes esas tarjetas, ¿hay una forma sistemática y fácil de usarlas, recibirlas y hacerles un seguimiento?
- ¿Hay algún regalo que ofreces a los nuevos?
- ¿Ofrece la iglesia a uno nuevo la oportunidad de hacer un nuevo amigo y la oportunidad para que los nuevos puedan conocer al pastor y su equipo?
  - o Yo ofrecía
    - Un almuerzo trimestral para los nuevos.
    - Oportunidades semanales de "conocer al pastor,"
    - Les enviaba una carta,
    - El seguimiento de alguien dentro de la iglesia que no sea (yo) el pastor,
    - y aún más.
- ¿Tienes una carta o una serie de cartas, correos electrónicos o correspondencia que se envía a los nuevos, a los que asisten por primera vez, y a los miembros que pueden haber estado faltando los servicios recientes o a quienes han tenido circunstancias atenuantes en sus hogares?
- ¿Proporcionas capacitación para los miembros del equipo de Servicios para huéspedes?
- ¿Ayudas a presentar a los recién llegados o los miembros regulares que no están tan involucrados como podrían involucrarse en los grupos pequeños, grupos de discipulado o grupos de conexión relacional?
- ¿Tienes un sistema para invitar a personas a unirse a tu equipo, ofreciéndoles responsabilidades de ministerio, ministerios de servicio y opciones de ser una parte más signifi-cativa de tus equipos de liderazgo o ministerio?
- ¿Existe un sistema para orar por tus miembros, tus invitados, y los que asisten por primera vez?

> "¿Tienes un sistema para invitar a personas a unirse a tu equipo?"

- ¿Hay alguna sugerencia de invitación y seguimiento de un mes, trimestral, cada seis meses, o de otra manera, para aquellos que inicialmente no están conectados a la iglesia?

Capítulo 22

Misiones y Sistemas de Evangelismo

- Ten en cuenta de la forma en que promueves las misiones puede funcionar de manera similar para las otras ideas de tu iglesia que están más centradas en el envión.
  - Asegúrate de que tu ADN personal y misional reconoce que las misiones no es un programa. Es el mero latido del corazón de Dios, y el mandato de Cristo.
- Cuando normalmente agendas los ervicios/predicadores misioneros ...
  - Inicialmente, la clave es programarlas regularmente.
  - Es mejor no dar honorarios a un misionero; más bien, permita que el Espíritu Santo le hable a la congregación y recibas una ofrenda especial para los misioneros.
  - Te sorprenderás a medida que desarrolles este concepto, cuánto más ingresos recibirás para las misiones, sin que esto afecte los diezmos y ofrendas de tu iglesia.
  - Además, al tener misioneros regularmente, verás:
    - un aumento en la conciencia, donaciones e intereses de las misiones de tu iglesia.
    - un aumento de dólares que se dan a los misioneros y proyectos en los Estados Unidos y para todo el mundo.
    - Edifica un ADN misional en los corazones de tu gente.
    - El llamado al campo misionero, porque es posible que un futuro misionero se verá afectado por tu corazón e inversión.

- Considera tener al misionero en ambientes de grupos pequeños antes de predicar en el servicio principal.
- Por ejemplo: clases de escuela dominical, reuniones con adultos (importante), reuniones con niños (importante), reuniones con jóvenes adultos: jóvenes casados, edad universitaria, etc.

• Cómo debe el pastor recibir una ofrenda para un misionero:

> *"Es mejor no dar honorarios a un misionero; más bien, permite que el Espíritu Santo le hable a la gente y recoge una ofrenda especial de misiones para los misioneros y obreros globales."*

- Algunos misioneros son excelentes predicadores, otros no tanto. Si bien todos los misioneros tienen llamados, y son usados por Dios, su predicación o la recepción de ofrendas/promesas de fe varía.
- Considera darles 10-15 minutos para completar su presentación …
- El pastor debe: 1ro, pasar inmediatamente a ayudarlos, pedirles que presten atención, 2do, animarlos a dar una ofrenda misionera y específicamente al ministerio que compartió, y 3ro, simplemente explicar a la gente: "Tenemos un número misioneros, ya que somos una iglesia misional. Gracias por dar a menudo por encima de tu diezmo, para las misiones. Vamos a recibir una ofrenda especial misionera para _____. Si te sientes guiado por el Espíritu Santo para ayudar a _____ con esta gran obra, por favor, obedece lo que Dios te está guiando a hacer. Si diste una ofrenda misionera la semana pasada y simplemente no puedes dar esta vez, no te preocupes en absoluto. Ciertamente entendemos, reconocemos que algunos dan esta semana, otros la próxima semana; algunos a este misionero, otros a ese misionero. Todo lo

Misiones y Sistemas de Evangelismo

   que pedimos es que cada uno de nosotros sea fiel a lo que el Señor nos ordene hacer. Oremos..."
   o Para concientizar al llamado misionero de la iglesia, considera usar antes del servicio o durante el servicio:
      - Videos de las misiones de 3 minutos.
      - Testimonios de misiones personales.
      - Una oración semanal (o mensual) para un proyecto o un misionero específico.
      - "Speed the Light," "BGMC," Luz Para Los Perdidos, etc. (Cada uno de los cuales es lenguaje común para mi iglesia, pero usa lo que funciona en su contexto).
- Nombrar una Junta de Misiones o Comité de Misiones para supervisar las solicitudes de misiones, tomar decisiones y planificar eventos.
- Si tu iglesia es parte de una denominación u otra organización como las Asambleas de Dios, considere un acuerdo con la iglesia y los líderes denominacionales para ofrecer un compromiso de misiones a todos los misioneros recién nombrados de tu distrito (ya que han sido aprobado y confirmado por el liderazgo del distrito y las Misiones Mundiales de las Asambleas de Dios).
- Considera un compromiso mensual mínimo de misiones para todos los misioneros de AGWM y AGUSM (si eres parte de la cultura de misiones de las Asambleas de Dios).
- Considera una ofrenda mínima para los misioneros. Si no alcanza el mínimo de la ofrenda recibida, entonces la iglesia puede aumentar la cantidad de la ofrenda a ese mínimo (y tomar lo que no se recibió en la ofrenda de la cuenta de las misiones).
- Considera la posibilidad de mantener un saldo mínimo en la cuenta de las misiones para gastos inesperados o misceláneos (como los mencionados anteriormente, hoteles, comidas, regalos, según sea necesario, para los misioneros).

65

- Y, programa, planifica y dirija viajes misioneros a menudo y oportunidades misioneras para miembros, tanto a nivel nacional como internacional, sistemáticamente programado.
- No hay mejor manera de ver, discipular y ayudar a las personas de Dios tener un corazón para las misiones y la evangelización que darles la oportunidad de hacerlo personalmente.
- Y, ten en cuenta, si el pastor no lo dirige, la gente no tendrá la oportunidad de desarrollarse en esta área. Hay una gran responsabilidad de los pastores y líderes espirituales para ayudar a aquellos a quienes están ministrando a encontrar su lugar en el llamado a las misiones.
- Todos los creyentes envían o son enviados. Si bien este enfoque podría ser simplista, cada pastor y líder debe reconocer la responsabilidad de desarrollar seguidores de Cristo en sus dones misioneros.
- Desarrollar ministerios de evangelismo y ofrecer capacitación.
  - Considera formas de impactar las necesidades misionales de tu comunidad local: las escuelas, hospitales, centro de ayuda a mujeres embarazadas, centros para personas sin hogar, almacén de alimentos, etc.
- ¿Tu gente (miembros, adherentes, equipo de liderazgo, líderes centrales) saben cómo compartir su fe y cómo guiar a través de las escrituras a otro amigo, miembro de la familia o compañero de trabajo al Señor?
- Siempre participe en proyectos de misiones denominacionales a nivel estatal donde varias iglesias trabajan juntas por una causa mayor.

- Al programar predicadores principales de las misiones/misioneros como predicadores para eventos/servicios, ten en cuenta que la mayoría de los predicadores tienen agendas que se reservan uno o dos años de anticipación. Llámalos ahora para reservarlos para su evento dentro de dos años.

> "Si tu evento es dentro de dos años, llámalos ahora para reservar."

- Planifica los gastos presupuestarios para el transporte, hoteles, comidas, canastas de regalos, regalos para el predicador, su cónyuge y ofrendas de la iglesia para el predicador/sus proyectos misioneros.
- Cuando invitas a un misionero considera:
  o Tener menos canciones para permitirle al predicador tener todo el tiempo como sea posible en el púlpito para su ministerio.
  o No programes en ese día anuncios especiales, música, presentaciones o videos innecesarios que usarán el valioso tiempo de ministerio en el culto. El invitado especial ha venido para estar con la gente ese día, y es el único momento en que el pastor tiene que impactar a la audiencia con ese tipo de presentación de las misiones. Permita al invitado todo el tiempo que sea posible.

> "Cuando tengas un orador misionero especial, considera hacer más breve el tiempo de alabanza."

- Considera para el culto canciones o música de adoración que están enfocados en las misiones.
- No le des un honorario. Permite que el Espíritu Santo hable a la congregación y recibir una ofrenda especial. Si solo 5 personas están presentes, el Espíritu Santo puede hablar con una persona que puede escribir un cheque por cientos de dólares o más.

- o Un invitado por primera vez en mi iglesia escribió una vez un cheque de $8,000 a un misionero cuando le di la oportunidad de responder a las necesidades de la misión. Muchas veces he pensado, ¿y si no hubiera dado esa oportunidad? Las personas son altruistas. Dales la oportunidad de escuchar al Señor. A menudo escucharán y responderán.

> *"Haz un llamado al altar para las misiones."*

- Averigua de antemano si el misionero se siente cómodo o no, o si sabes de otros pastores que lo conocen, si maneja bien todo el mensaje. Si no, dales una ventana de 10-15 minutos.
- Anima el llamado al altar las personas de tu iglesia para las misiones; oportunidades para que los miembros realmente respondan diciendo: Estoy dispuesto y siento el llamado a ser misionero o a involucrarme más en las misiones. Dios llama a los misioneros de iglesias como la tuya.

> *"Si el misionero habla otro idioma con fluidez, pídele que hable/comparta/ore brevemente en ese idioma."*

- Si el misionero habla otro idioma con fluidez, pediles que hablen/comparten/oren brevemente en ese idioma.
- Si el misionero tiene una familia, reconoce la familia en el servicio.
- Considera tener una clase de Escuela Dominical que sorprenda a la familia, a los hijos, a la esposa, etc., con pequeños regalos ese día mientras están en tu iglesia.
- Considera hacer que una clase de Escuela Dominical o un grupo pequeño adopte a cada familia misionera que viene con niños (ya sea que la iglesia los apoya con una promesa mensual o no) para enviarles un paquete para Navidad o para los cumpleaños. (O, "adopte" a los niños enviándoles regalos a lo largo del año. ¡Qué mejor manera de animar a los padres misioneros, amando y cuidando a sus hijos!)

> *"¿Tienes un sistema para entrenar en evangelismo a tus congregantes y miembros?"*

- Y, ¿tienes una forma sistemática de capacitar a la congregación en el evangelismo? Eso es lo que son las misiones. ¡Aprendiendo a hacerlo y compartiendo la fe de uno!

Capítulo 23

¿Y Qué de la Plantación de Iglesias?

- ¿Has considerado cómo tu iglesia, ministerios y líderes ministeriales podrían plantar algo nuevo en la ciudad, en una comunidad cercana o en un área donde podría comunicarse con otras personas que no puedan venir a tu iglesia o donde no hay una oportunidad cerca de ellos para asistir a una iglesia que da vida?
- ¿Has considerado plantar iglesias en varios sitios?
- ¿Has considerado plantar iglesias multiculturales que podrían ser posibles como parte de tu ministerio?
- ¿Has considerado buscar en las comunidades cercanas donde podrías comenzar un estudio bíblico por la tarde en una casa, un restaurante o una cafetería, con la esperanza de que algún día pueda convertirse en tu propia iglesia?

Capítulo 24

Los Cinco Dones del Ministerio

Él mismo constituyó a unos, apóstoles; a otros, profetas; a otros, evangelistas; y a otros, pastores y maestros. Efesios 4:11 NVI

- ¿Has estudiado e investigado los dones para comprender el plan de Dios para la iglesia local y las naciones?
- Si eres parte de una organización o denominación, ¿tienen estudios de esta naturaleza que podría ser de beneficio?
- ¿Funcionan los cinco dones en tu iglesia y en tus ministerios?
- ¿Tienes un plan de capacitación y desarrollo del ministerio en estas áreas?

> *"¿Funcionan los cinco dones en tu iglesia y en tus ministerios?"*

Capítulo 25

Oración

- Demasiadas iglesias y líderes dependen de sus talentos y se olvidan del poder de la oración.
- ¿Pasas tiempo orando sobre los temas de tus sermones antes de escribirlos? ¿Antes de predicarlos?
- ¿Tienes equipos de oración que oran de manera regular y sistemática por tu iglesia, los ministerios, las metas, la gente?
- ¿Has considerado grupos de oración que oran durante los servicios y mientras estás predicando?
- ¿Tienes tiempos de oración regularmente con tu(s) equipo(s) de liderazgo?
- ¿Hay líderes de la iglesia que reciben a los hermanos y ofrecen orar por sus necesidades en cualquier momento en tus servicios?

> *"Muchas iglesias y líderes dependen del talento y olvidan el poder de la oración."*

Capítulo 26

Redes Sociales

- Lo más probable es que, antes de que alguien entre por la puerta de tu iglesia, 9 de cada 10 personas lo hayan buscado en la internet. Desarrolla una página web de la iglesia, haz una página de Facebook de la iglesia, haz una cuenta de Twitter e Instagram y vincúlalas todas.
- Las personas hoy viven en el Internet, así que dales algo de qué hablar. Publica fotos de la iglesia (fotos que quieres que se muestren), gente feliz, gente sonriente, la próxima serie de sermones que se aproxima. Tu iglesia tendrá más oportunidades de crecer simplemente compartiendo lo que Dios está haciendo.

> *"La gente vive en Internet, así que dales algo de qué hablar."*

- ¡Antes de que la gente visite tu iglesia, quieren saber en qué se están metiendo! Así que pon tus mensajes en línea a través de un podcast o Facebook Live. Pero solo hazlo cuando estés listo para que la gente lo vea y escuche.
  - Para ser honesto, un buen número de iglesias usan Facebook Live, pero aún no están lo suficientemente desarrolladas para ofrecer excelencia a una audiencia pública. Y, después de todo, si estamos compartiendo a Jesús, ¡Él es digno de lo mejor!

- Ya existen numerosas aplicaciones para la iglesia que permitirán la personalización de tu iglesia. Descarga una aplicación para tu iglesia por $30 al mes y dales a las personas la oportunidad de seguirte, recibir notificaciones automáticas, descargar tus notas de sermones, registrarse para un evento infantil, unirse a un grupo de vida o dar diezmos y ofrendas.

> *"Para ser honesto, una buena cantidad de iglesias usan Facebook Live, pero aún no están lo suficientemente desarrolladas para ofrecer excelencia a una audiencia pública."*

- He oído decir que, en el mundo de la iglesia de hoy, más del 60% de las donaciones proviene de las donaciones por internet. Las personas viven en sus teléfonos y queremos ser parte de sus vidas. Pero, recuerda, hazlo fácil, excelente y ejemplar para Jesús.

Conclusión

Tantos elementos mejoran nuestros esfuerzos de presentar a Cristo y sus buenas nuevas. Ciertamente, cada parte de lo que hacemos como siervos de Dios debe cubrirse en oración. Dios puede hacer más en un abrir y cerrar de ojos de lo que podemos hacer en días, semanas o meses de preparación. Has de la oración una prioridad.

Al pastorear una iglesia, nuestro liderazgo desarrolló nuestra misión, visión, metas y diversas áreas de compromiso para nuestros ministerios. Nos comprometimos a 1) alabanza y adoración, 2) predicación ungida de la Palabra, 3) misiones y 4) ganar almas. No me tomó mucho tiempo en darme cuenta de que nuestro ritmo de cuatro niveles debía basarse en algunos principios fundamentales: la oración, el discipulado, el servir y la reproducción/plantación. A medida que nos esforzamos por cumplir con varios aspectos de nuestros sueños, hicimos todo lo posible por mantenernos enfocados en nuestra misión y visión.

> "Nos comprometimos a
> 1) la alabanza y adoración,
> 2) la predicación ungida de la Palabra,
> 3) las misiones, y
> 4) ganar almas."

Quiero animarte a encontrar lo que está comprometido en la viña del Reino de Dios y a dedicar la mayor parte de tus esfuerzos a cumplir con lo que Él te ha llamado a hacer. Las iglesias son únicas, individualistas y divinamente diseñadas para propósitos selectos. Honra a Dios. Celebra tu gente. ¡Y trabaja en tus dones y habilidades para hacer algo asombroso para Dios! ¡Él te está animando!

> "Honra a Dios. Celebra a tu gente. Y ¡trabaja con tus dones y habilidades para hacer algo asombroso para Dios! ¡Él te está animando!"

Ahora, has tu lista, las consider-aciones específicas que puedes hacer para mejorar tus experiencias y servicios ministeriales después de que hayas revisado las siguientes preguntas de nuestros capítulos:

Preguntas para Repasar

Ahora, comienza a hacer tu lista; las consideraciones específicas que se podrían hacer para mejorar las experiencias y los servicios ministeriales de tu iglesia después de que hayas revisado nuestras preguntas de cada capítulo. Recuerda, no se trata de compararse con la iglesia de otro lado de la calle, o el ministerio más grande que "lo tiene todo," simplemente deseamos honrar a Dios con excelencia en las cosas que podemos hacer.

> "Recuerda, no estás tratando de compararte con la iglesia de allá abajo, o el ministerio más grande donde "tienen todo"; simplemente deseamos honrar a Dios haciendo con excelencia las cosas que podemos hacer."

Aquí hay algunas preguntas para ayudarte a comenzar a hacer de tus ministerios lo mejor que pueden ser para el Señor. Si tu iglesia es rural, metropolitana, móvil, centro de la ciudad, tradicional, contemporánea, o iglesia formal, hay una gran variedad de opciones para poner en marcha, o la revitalización de iglesias. Hoy en día hay muchas cosas que puedes hacer para brillar, iluminar y exaltar a Jesús.

No pases por alto este paso. Es el paso más importante del libro en sí. Leer sobre las opciones ofrece a nuestro corazón y a nuestra mente algunas consideraciones que tal vez quisiéramos implementar pero que aún no hemos llegado a conocer. La lectura nos recuerda cosas que probablemente hemos pensado antes, pero que simplemente hemos postergado debido al tiempo, las restricciones presupuestarias u otras razones. Pero, sacar un bolígrafo (o al menos, un lápiz para hacer un primer borrador de pensamientos) nos da la oportunidad de programar los cambios, hacer los cambios, planear los cambios y presentar una visión emocionante para la iglesia que siempre acumula impulso, energía y, con suerte, sinergia para el crecimiento. Pensar en todo lo que se debe cambiar, actualizar, mejorar o lo que sea (en tu contexto) en realidad genera entusiasmo y proyección estratégica para los mejores días que tu iglesia haya visto. ¡Disfruta el viaje!

Preguntas Sobre Cada Capítulo

Capítulo 1: Desde el Momento que la Gente Llega a la Propiedad

- ¿Qué opiniones o ideas crees que tienen los invitados cuando llegan por primera vez a tu iglesia?

- ¿Es posible pedirle a un amigo que no asiste a tu iglesia, que venga a tu iglesia y vea la propiedad, ni siquiera para asistir a un servicio, solo para darte una lista de comentarios do lo que ve por escrito?

- ¿Quién es esa persona que te podría ayudar?

- ¿Cuándo es el mejor momento para tener una reunión con líderes y miembros claves para hablar con ellos los asuntos que has aprendido en este libro? Hay que programar eso.

- Si hiciste una lista de necesidades, ¿que está en tu lista de la visión para mejorar? ¿Dónde podrías imprimirla, ofrecerla, y repartirla a las personas para ver si considerarían hacerse cargo de los gastos de una o más de las mejoras para la iglesia?

- ¿Hay iglesias vecinas que se acercarían para ayudar a tu iglesia? Has una lista de quién llamar para reunirte personalmente para hablar acerca de estas cosas.

Capítulo 2: Mientras la gente entra a la Iglesia

- Si la entrada y la primera impresión dentro de la puerta no ofrecen un ambiente acogedor, ¿qué se puede hacer inmediatamente para arreglar todo o parte del problema?

- ¿Cuánto me costaría agregar música en los pasillos, entradas y el estacionamiento?

- ¿Las personas que saludan en la puerta de la iglesia, son adecuadas para el trabajo?

- Además de los que saludan, ¿a quién puedo enlistar para recibir a las visitas o llevarlos a la sala cuna o áreas infantiles si es necesario?

- ¿Qué ministerios multigeneracionales podrían hacer una diferencia para tu iglesia?

- ¿Qué iglesia puedo visitar simplemente para ver cómo hacen los rótulos en sus pasillos?

- ¿Qué día tomarías de tu agenda para realizar una simple encuesta para registrar a tu iglesia y comenzar la jornada para ser una iglesia amiga de los discapacitados? Ve a: http://www.specialtouch.org/leadership.

- ¿Cómo puedo mejorar el Centro de Bienvenida de nuestra iglesia?

Capítulo 3: Esperando el Comienzo del Servicio

- ¿Necesito tener un entrenamiento para el personal de sonido para ayudarles a estar mejor agendados, cronometrados, acomodados con atenuaciones, micrófonos encendidos, micrófonos apagados, etc.?

- ¿Qué se puede hacer para traer calma al medioambiente del santuario al menos treinta minutos antes del servicio?

- ¿Ayudaría a nuestra iglesia a usar un reloj de cuenta regresiva en la pantalla?

- ¿Qué lista de miembros fieles puedo enlistar como anfitriones de sección?

- ¿Es hora de enterrar el boletín impreso?

- ¿Cuál misionero puedo comenzar a destacar como Misionero del Mes?

Capítulo 4: ¿Están Seguros Mis Hijos?

- ¿Cuáles obreros en el ministerio de niños o en el de adolescentes en mi iglesia se están utilizando, pero aún no se ha completado el "background check?"

- ¿Qué entrenamiento debo ofrecer para los voluntarios, los pastores o el liderazgo de la iglesia?

- ¿Cuándo implementaré un sistema de control de seguridad para el ministerio de niños y en la guardería?

Capítulo 5: ¿Las Personas se Incorporan y se Saludan?

- ¿Hay grupos en nuestra iglesia que están alienando a ciertos individuos?

- Si es así, ¿cuáles son las áreas que podrían ofrecerse para desarrollar relaciones entre grupos que normalmente no interactúan?

- ¿Alguna vez ha habido un entrenamiento de miembros de toda la iglesia sobre cómo podemos ser más amigables y acogedores con los huéspedes?

- ¿Cuándo se puede programar?

Capítulo 6: Mayordomía: Recibiendo Diezmos y Ofrendas

- ¿Cuáles doce lecciones (un por mes como mínimo) puedo desarrollar como un comentario de 2 minutos justo antes que se menciona y se recibe los diezmos y ofrendas de la congregación?

- ¿Hay música tocando de trasfondo durante la oración por la ofrenda?

- Si nuestra iglesia usa la misma persona (s) regularmente (generalmente miembros de la junta o líderes clave) para orar por los diezmos y las ofrendas, ¿están de espaldas a la congregación cuando oran?

- ¿Puedo pasarles un micrófono, al menos, para su oración?

Capítulo 7: Anuncios Especiales y Presentaciones

- ¿Qué puedo agregar específicamente a nuestros servicios que puede ser una declaración o una bienvenida significativa para los que visitan por primera vez o aquellos que no están acostumbrados a nuestras tradiciones?

- ¿He marcado en mi biblia los versículos claves relacionados con la Santa Cena, las lenguas y los dones del Espíritu para poder leer específicamente un breve pasaje de las Escrituras cuando estos eventos se ofrecen en nuestros servicios? (Esto ayuda a los invitados especialmente, pero también a los miembros, a ver a su pastor ir al pulpito y abrir la Biblia para alentarlos de las diversas maneras en que el Señor está trabajando entre ellos).

Capítulo 8: Cuidando a los Predicadores Invitados

- ¿De qué manera puede nuestra iglesia honrar a los predicadores invitados o visitas a nuestros servicios?

- ¿Podría posiblemente crear una rotación de líderes clave de la iglesia para ser anfitriones para los invitados o visitas?

- ¿Qué nombres podría poner en esa lista?

Capítulo 9: El equipo de Alabanza

- ¿Debo tener primeramente una reunión con mi líder de adoración (y/o con su cónyuge, si corresponde) para explicar lo que quiero hacer en el culto y cómo espero verlos hacer lo que deseo?

- ¿Qué individuos nuevos se pueden agregar al ministerio de alabanza de nuestra iglesia?

- ¿Debo considerar una conversación similar sobre el atuendo de la plataforma de nuestra iglesia?

- Si el ensayo del equipo de alabanza tiene conflicto con los horarios principales de los servicios, las clases, etc., ¿qué día y hora podría ofrecerse para volver a programar los ensayos?

Capítulo 10: La Predicación de la Palabra.

- ¿Qué puedo hacer para ser un mejor predicador de la Palabra?

- ¿Hay alguna conferencia, clase o lugar de capacitación al que pueda asistir?

- ¿Hay ciertos podcasts, ministros o mentores de los que podría aprender?

Capítulo 11: La Plataforma

- ¿Qué problemas estéticos veo en nuestra plataforma?

- ¿Cómo puede nuestra iglesia presentar mejor el área de la plataforma?

- ¿Sería posible para los cantantes de nuestro equipo de adoración memorizar las palabras?

- ¿Debo considerar una silla para el pastor en la plataforma? ¿O no? ¿Y por qué? (Haz lo que funcione mejor para tu contexto.)

Capítulo 12: Permitiendo que el Espíritu Santo Participe

- ¿Sería posible que nuestro equipo de alabanza comience 10-15 minutos antes de la hora de inicio del servicio?

- De la lista de canciones de nuestro equipo de alabanza, ¿hay canciones que se pueden eliminar para entrar más ágilmente a una adoración genuina?

- ¿Podríamos cantar más canciones "al Señor" que "acerca del Señor?"

- ¿Cómo puedo, como pastor, ofrecer ideas y entrenamiento a nuestros líderes de alabanza para no apresurar las cosas, desacelerar el ritmo y guiar genuinamente a las personas a la adoración?

Capítulo 13: El Cierre del Servicio: Llamado al Altar y Oración

- ¿Deberían nuestros servicios (basados en la cultura) considerar un horario más consciente del tiempo? (tiempo del servicio)

- ¿He considerado un tiempo fijo mientras el ministro/pastor todavía predica, que un músico llegue a la plataforma y comienza a tocar para ayudar en la transición, en lugar de llamar públicamente a los músicos?

- ¿Me he relajado en dar llamados al altar u oportunidad para responder?

- ¿Cómo puedo mejorar ese elemento en nuestros servicios?

- ¿Ofrecemos un tiempo de oración para orar individualmente por los hermanos?

Capítulo 14: ¿Cuáles son los Obstáculos en Cualquier Iglesia?

- ¿Cuándo fue la última vez que la junta (mesa directiva) de la iglesia o los ancianos pasearon por las instalaciones con un bolígrafo y un papel anotando cualquier problema estructural, lugares sin mantenimiento, lugares sucios/que necesitan limpieza, pintura, etc.?

- Si aún no tenemos una presencia significativa en la internet y en las redes sociales, ¿quién en nuestra iglesia puede ayudarnos a crear una?

- Si yo (el pastor) soy recién llegado (especialmente un año o menos), ¿cuáles son las cosas que quiero hacer de inmediato, pero debo esperar y enfrentarlas con cautela?

- ¿En qué manera puede nuestra iglesia dar honor al pasado?

- ¿Cómo puedo comunicarme mejor en cada área del ministerio?

- ¿Y quién me puede ayudar con para mejorar la comunicación?

Capítulo 15: Bautismo en Agua, Dedicación de Bebes, Eventos Honoríficos

- ¿A quién puedo conseguir (el liderazgo de la iglesia) para ser un voluntario clave para ayudar a que estos momentos de ministerio sean significativos y funcionen sin problemas?

- ¿Qué individuo (s) en nuestra iglesia puede ayudar con la fotografía para eventos importantes como estos?

- ¿Debo comprar regalos, camisetas o materiales de bautismo y dedicación?

Capítulo 16: ¿Qué tipo de Vestimenta usas?

- ¿Cuál sería la vestimenta apropiada para nuestra iglesia?

- ¿Qué vestimenta sería considerada inapropiada?

- ¿Tengo esta información por escrito en alguna parte?

Capítulo 17: Maestros de Escuela Dominical

- ¿Permitimos que cada maestro o líder de grupo pequeño establezca sus propios materiales de enseñanza?

- ¿Debo considerar un plan de estudios estandarizado (de una denominación) o materiales que siguen a la par de los sermones del pastor, etc.?

- ¿Hay maestros y líderes con los cuales necesito tratar las áreas problemáticas a ser consideradas o cambiadas?

Capítulo 18: Creando Envión para el Desarrollo de los Esfuerzos Ministeriales, Ofrendas Especiales, Proyectos

- ¿De qué manera puedo recordarme semanalmente para mencionar y hablar sobre los puntos claves para mantener el envión?

- ¿Quién puedo utilizar para revisar mis sermones con anticipación y darles la libertad de agregar puntos que les vengan a la mente, que tal vez he olvidado o en el cual no he pensado?

- ¿Acaso yo/nosotros hemos tenido la costumbre de cancelar los servicios o no mantener el horario publicado?

- ¿Debo considerar formas de animar a los miembros y congregación que pueden haber sido desanimados por la inconsistencia?

- Si la asistencia aparentemente ha disminuido, ¿tengo un plan de asimilación para que los miembros e invitados se comuniquen con ellos y los animen, edifiquen, y fortalezcan?

Capítulo 19: Sistemas para Grupos Pequeños

- ¿Somos intencionales con los grupos pequeños?

- ¿Está nuestra iglesia utilizando grupos pequeños como un apéndice y no está realmente viendo el impulso de ellos?

- ¿Cuáles son los grupos demográficos claves en nuestra iglesia o comunidad a los que debemos dirigirnos para grupos pequeños?

- ¿Ofrezco entrenamiento para líderes?

Capítulo 20: Sistemas de Entrenamiento para el Liderazgo

- ¿Puedo comenzar a usar los materiales de capacitación ofrecidos en la internet por My Healthy Church, RightNow Media, Tom Rainer, The Family Foundation, Dick Hardy, Engage Media, Exponential, CMN, etc.?

- ¿Qué cambios o mejoras específicas se pueden hacer para ayudar a los maestros de mis grupos en las estructuras sistemáticas, los temas de discusión o en cómo liderar sus grupos?

Capítulo 21: Sistemas de Asimilación

- ¿Cuándo comenzaré un sistema de seguimiento de asistencia?

- ¿Quién en nuestra iglesia puede supervisar este ministerio de asimilación?

- ¿Qué miembros de nuestra iglesia podrían ser designados como diáconos de asimilación (usa la mejor palabra según tu cultura)?

- ¿Cuántas secciones dentro del santuario de nuestra iglesia necesitarían un Líder de Sección?

- ¿A cuántas Zonas de nuestra comunidad nos dirigiríamos con un líder de Zona?

- ¿Quién puede desarrollar tarjetas de comunicación para nuestra iglesia?

- ¿Y quién estará a cargo de recogerlos semanalmente y documentar la información que se presentará de manera oportuna al pastor y/o al liderazgo?

Capítulo 22: Misiones y Sistemas de Evangelismo

- ¿Cuántos misioneros has programado este año para que visiten y ministren (o darles una ventana, 5-10 minutos) en nuestra iglesia?

- ¿Podemos por fe agregar uno por mes?

- ¿Qué puedo hacer como pastor para crear un ADN misionero en nuestra iglesia?

- ¿Cómo pastor (con mi pareja, si corresponde) hemos tomado un viaje misionero?

- ¿Podemos programar y planear un viaje misionero para los miembros de nuestra iglesia, ya sea en los Estados Unidos o a otro país?

- ¿He elegido (el pastor y la junta de la iglesia) una donación financiera mínima para dar a los misioneros? (Por supuesto, nunca hay un regalo máximo. Todo lo que se reciba en una ofrenda misionera debe darse al misionero y su obra).

Capítulo 23: ¿Y Qué de la plantación de iglesias?

- ¿Cómo podemos establecer una visión para multiplicarnos para el Reino de Dios?

- ¿Existe una oportunidad multicultural para su iglesia?

- ¿Hay personas étnicas a los que tu iglesia podría ayudar con el inicio de un grupo de estudio bíblico o una nueva iglesia para su grupo étnico?

Capítulo 24: Los Cinco Dones del Ministerio

- ¿Cuál de los cinco dones ministeriales funcionan regularmente en tu iglesia?

- ¿Cuál de los cinco dones ministeriales aparentemente no funciona en tu iglesia?

- ¿Cómo puedes como pastor/líder, desarrollar miembros para usar sus dones para el Señor y su obra?

Capítulo 25: Oración

- ¿En nuestra iglesia, hemos concentrado demasiado en el talento y se ha perdido en el área de la oración?

- ¿Cuándo es el mejor momento para mí, como pastor, dedicar tiempo a orar sobre mis sermones y los temas de sermones?

- ¿Qué se puede hacer para desarrollar equipos de oración que oren sistemáticamente por nuestra iglesia, nuestros ministerios, nuestras metas, nuestra gente, etc.?

- ¿Sería una buena idea considerar que los grupos de oración oren durante los servicios, durante la predicación?

- ¿Cuándo puede el pastor y el liderazgo verdaderamente pasar tiempo en oración juntos?

- ¿Hay líderes de la iglesia que pueden orar por las necesidades de los miembros en cualquier momento en los servicios?

- ¿Qué otros ministerios de oración podrían agregarse a nuestra iglesia?

Capítulo 26: Redes Sociales

- ¿Alguna vez has realizado una encuesta de la cantidad de personas en tu iglesia que buscaron por la internet tu iglesia antes de asistir?

- Si tu iglesia tiene un sitio web, ¿debe actualizarse?

- ¿Con qué frecuencia se actualizan las redes sociales de tu iglesia?

- ¿Quién en tu iglesia podría supervisar las redes sociales?

- ¿Qué está sucediendo en tu iglesia que desearías que la comunidad estuviera informada?

- Si nuestra iglesia hace "Facebook Live," ¿brinda una representación positiva de lo que queremos compartir públicamente con la comunidad?

- ¿Por qué? Y ¿Por qué no?

- ¿Debería nuestra iglesia considerar una aplicación para el teléfono?

- ¿Debemos mejorar nuestras opciones de donación a través de las redes sociales?

LIBRO DOS

ESTABLECIENDO LA ATMÓSFERA PARA EL DÍA DE ADORACIÓN II

Endosos

"Si está buscando un consejo práctico y sabio para dirigir su iglesia local, entonces lea este libro. Este no es un libro que relegue la adoración a los cantos previos al mensaje. Por el contrario, el Dr. Girdler establece el contexto de toda la matriz de liderazgo pastoral necesaria para que exista la atmósfera adecuada en la iglesia para que la adoración -en todo su significado completo- florezca."

George O. Wood
Presidente, World AG Fellowship, Springfield, MO

"El Dr. Joseph Girdler ha escrito una guía excepcional, práctica, para desarrollar el ADN espiritual de la adoración en la iglesia local. Sus muchos años de liderazgo nacional e internacional entre pastores e iglesias brillan en estas páginas. El pastor Joe especifica, paso a paso, las áreas y preguntas clave que la estrategia de la iglesia debe abordar, incluyendo la guía del Espíritu durante el culto. Entiende que las respuestas y estrategias específicas pueden variar de una iglesia a otra, de una ciudad a otra y de una región a otra. Sin embargo, cada pastor y equipo de liderazgo debe luchar con las preguntas que el Dr. Girdler plantea para maximizar el impacto transformador del servicio de adoración en las vidas de las personas. Esta es una lectura de primer orden para todo pastor y líder de la iglesia".

Dr. Doug Oss
Director de Cordas C. Burnett Centro para Predicación Bíblica y Profesor Emérito de Teología Bíblica y del Nuevo Testamento, Seminario Teológico de las Asambleas de Dios/Universidad Evangel, Springfield, MO

"Cuando se trata de la vida ministerial, a veces lo que verdaderamente se necesita es dirección explícita, por medio de la cual la teoría se convierta en práctica, de alguien que ha estado ahí y vive para contarlo. En *Estableciendo la Atmósfera para el Día* de Adoración II, el Dr. Joseph Girdler ofrece exactamente eso, además de considerables historias a las cuales te puedes relacionar y grandes dosis de motivación para empezar. Este es un libro que líderes dentro del ministerio, especialmente aquellos que tienen la labor de pastor, encontrarán tan aplicable como invaluable.

Dr. Jodi Detrick
Autor de "The Jesus-Hearted Woman: 10 Leadership Qualities for Enduring & Endearing Influence, Seattle, WA

"Esta es una gran ayuda práctica para que los pastores y los líderes de las iglesias evalúen la 'primera impresión' que tiene la gente cuando entra en la iglesia. Si es cierto el dicho de que "nunca se tiene una segunda oportunidad para causar una primera impresión", a todas las iglesias les vendría bien analizar cómo " llevan a cabo la iglesia" para permitir que la gente se encuentre con el Señor de la iglesia y no con los defectos de la preparación. Este libro proporciona una ayuda muy oportuna".

Dr. Duane Durst
Superintendente, Asambleas de Dios de Nueva York, Presbítero Ejecutivo de la Región NE, AGUSA, Liverpool, NY

"A partir de una gran cantidad de conocimientos, educación y experiencia, el Dr. Girdler aborda la practicidad del ministerio con implicación y aplicación. Los principios enseñados son fundamentales para el funcionamiento fluido y profesional de la Iglesia de Cristo. Dondequiera que se encuentre en la vida y el ministerio, hay más para aprender y aplicar. Estableciendo la Atmósfera Para el Día de Adoración - II y su precuela son un gran lugar para comenzar".

Darren M. Lewis
Pastor principal, Calvary Christian Center AG, Louisville, KY

"Estableciendo la Atmósfera para el Día de Adoración - II es otra guía perspicaz y práctica ofrecida por un fértil pensador y experimentado líder ministerial. Mientras disfrutaba de cada capítulo, no dejaba de decir: 'iSí, este es justo el consejo que necesitan los líderes! Desde los zapatos lustrados hasta la oración en todas las situaciones, desde sostener el micrófono durante los momentos espontáneos en las reuniones, hasta la santidad sin legalismo, el Pastor Joe nos invita al amor, a la bondad y a la consideración en el liderazgo. Recomiendo ambos volúmenes para los líderes, colocados al alcance de la mano, junto a la Biblia. En una cultura obsesionada con el liderazgo, el autor demuestra que los líderes son llamados... y desarrollados por las simples disciplinas que practican. Junto con los buenos consejos, ruego que el ethos de estas obras impregne los corazones de todos los que las lean."

Dr. Charlie Self
Autor y ministro,
Director de Comunidades de Aprendizaje, Made to Flourish
Profesor de Historia de la Iglesia,
Seminario Teológico de las Asambleas de Dios/Universidad del Evangelio, Springfield, MO

"Joseph Girdler ofrece un conjunto de perspectivas prácticas, a la vez exhaustivas, sobre numerosos aspectos de la vida de la iglesia. Ayuda a los lectores a descubrir el significado de los detalles que a menudo se pasan por alto, al mismo tiempo que aprenden a crear un sentido de vitalidad y expectación. La naturaleza práctica con la que escribe hace que la aplicación de los principios compartidos sea fácil de implementar. Estableciendo la Atmósfera para el Día de Adoración - II es un recurso beneficioso para cada líder del ministerio, independientemente de su tradición. Compartiré este libro con cada pastor y líder de la Iglesia del Nazareno del Distrito de Kentucky".

Dr. Brian L. Powell
Superintendente de Distrito, Iglesia del Nazareno del Distrito de Kentucky, Louisville, KY

"Conozco al Dr. Joseph Girdler desde hace más de treinta y cinco años y he comprobado que es un hombre de Dios bien enfocado.

La primera vez que conocí al pastor Joe, hice una afirmación que todavía digo hoy: 'GRANDE ES EL RENDIMIENTO DE UN CAMPO FÉRTIL': He conocido a Joe desde que era estudiante, pastor de jóvenes, pastor y ahora como Superintendente de Las Asambleas de Dios en Kentucky; todos estos años he disfrutado a menudo de la sabiduría que Dios le ha dado al pastor Joe. Sus libros y escritos bien valen la inversión para leer y estudiar. Usted encontrará sus palabras prácticas y aplicables al ministerio diario real. Debo añadir que su boda con la Dra. Renee Vannucci Girdler fue la boda más poderosamente espiritual a la que he asistido. Las palabras escritas de Joe son como la miel en el panal".

Rev. Wade Martin Hughes, Sr.
Pastor de AG y escritor destacado en SermonCentral.com, con más de 3.000 reseñas semanales de sermones y casi 3,3 millones de reseñas totales de 1.300 sermones publicados de casi 100 naciones. Smiths Grove, KY

"El mensaje que el pastor Joe ofrece en este libro no tiene precio para los ministros y líderes que desean hacer un impacto del Reino en su iglesia local y más allá. Los principios ofrecidos en este libro proporcionan una oportunidad para que cada pastor en cada iglesia eleve el nivel de su ministerio y experimente la efectividad que Dios desea para cada uno. Estableciendo la Atmósfera para el Día de Adoración - II está escrito por un líder que entiende el poder transformador de Dios para cambiar la vida de una persona, ofreciendo a la gente esperanza y dirección. En consecuencia, este libro no es un estéril "cómo hacer" para el ministerio de la iglesia, sino un apasionado ruego de cómo un pastor puede amar a la Iglesia que Jesús compró con Su sangre."

Jeff Ferguson
Pastor principal, Primera Asamblea de Dios, Henderson, KY

"Era 1992 cuando conocí al Dr. Girdler. El pelo largo, los jeans y las sandalias destacaban cuando este pastor de jóvenes de las Asambleas de Dios se unió a un equipo de líderes juveniles nacionales en un viaje ministerial a El Salvador. El evangelista Pat

Schatzline, también pastor de jóvenes en ese momento predicaba y el pastor Joe cantaba en español. Era bastante sorprendente, ya que él no hablaba con fluidez -ni lo hace todavía- una palabra de español, pero había memorizado en español la letra de la canción con lo que intentaba en su 'único' dialecto hispano. ¡Qué recuerdos creamos! Estableciendo la Atmósfera para el Día de Adoración - II es otro fabricante de recuerdos, ya que el Dr. Girdler ha ofrecido de nuevo una herramienta apasionada, práctica y pastoral para equipar con habilidades concretas a los líderes de la Iglesia global de hoy. Consiga los dos libros de la serie, Estableciendo la Atmósfera para el Día de Adoración y Estableciendo la Atmósfera para el Día de Adoración - II para los líderes de su iglesia, y lleve a su iglesia al siguiente nivel."

Jim Wellborn
Misiones Mundiales de las Asambleas de Dios,
Builders International, Ozark, MO

"El Dr. Joe Girdler menciona, en un momento de este libro, que cuando vino a Cristo "no tenía mucho que dar", pero lo que sí tenía era amor. Por encima de todo, esa característica destaca en este hombre de Dios, este devoto esposo, padre y abuelo, este apasionado seguidor de Cristo, este diligente aprendiz: nuestro amable y alegre hermano y pastor. Escribe este libro porque ama a Dios, ama a la Iglesia y ama a las personas, independientemente de dónde se encuentren en su camino de fe. En este sentido, este libro es un gran regalo para todos los que lo lean, porque no nace del deseo de reconocimiento, sino del servicio humilde a Aquel que lo ha llamado y capacitado a lo largo de un servicio fiel durante décadas. Sigan leyendo, amigos, y disfruten de este regalo de amor.

Dra. Lois Olena
Coordinadora del proyecto de doctorado y profesora asociada
de Teología Práctica y Estudios Judíos,
Seminario Teológico de las Asambleas de Dios/Universidad
Evangel, Springfield, MO

"Mientras leía el libro más reciente del pastor, líder de la iglesia y Dr. Joseph Girdler, Estableciendo la Atmósfera para el Día de la Adoración - II, pensé en un momento de reflexión que tuvo un miembro de la facultad hace varios años después de participar en un retiro de desarrollo de la facultad sobre la integración profunda de la fe y el aprendizaje; dijo: 'Ahora lo entiendo. No puedo dar lo que no he recibido'. Se dio cuenta de que sólo podía alimentar la vida espiritual de los estudiantes si cultivaba su propia vida de fe vibrante y vivida. Lo que Joseph Girdler nos ofrece es lo que ha recibido a lo largo de años de cuidado pastoral y de liderazgo para las iglesias y comunidades de fe más amplias. Sus ideas provienen de un profundo pozo de adoración vivida y de nutrir a las comunidades en una vida de adoración, y nosotros somos los beneficiarios."

Dra. Carol Taylor
Presidenta, Evangel University, Springfield, MO

"El Dr. Joseph Girdler en su nuevo libro, Estableciendo la Atmósfera para el Día de Adoración - II, escribe como alguien que realmente se esfuerza por la excelencia en el amor al Señor y la dirección de su iglesia. Este trabajo es el producto de un líder experimentado en contacto con los cambios contemporáneos que impactan lo que debe ser una iglesia saludable. Ha articulado veintitrés áreas que impactan no sólo la adoración de la iglesia local sino la influencia más amplia del pastor y la iglesia en la comunidad circundante. El impacto del énfasis en el culto proporciona un propósito unificador para el libro. Desde la conducción de la experiencia de adoración real hasta las actitudes personales del pastor, desde la conducción de las reuniones de la Junta Directiva hasta el uso de los medios sociales, todas estas acciones afectan en última instancia la atmósfera, el contexto, en el que se encuentra la presencia de Dios. El Dr. Girdler ha equilibrado maravillosamente su amor por Dios y la Iglesia con su amor por las personas con respecto a un modelo de iglesia saludable. ¡Está ayudando a influir en esta generación de pastores y líderes de la iglesia por su atención sólida y práctica de los principios esenciales de la creación de la atmósfera donde Dios puede ser adorado y experimentado! ¡Este es un recurso estratégico tanto para los líderes pastorales principiantes como para los experimentados!"

Dr. Gaylan Claunch
Superintendente, Distrito Norte de Texas, Asambleas de Dios

"He llegado a conocer al "Dr. Joe" en los últimos años y me he enriquecido mucho con sus escritos. Tiene la pluma de un escritor listo y una manera agradable con las palabras. Hay fluidez y contenido tanto en lo práctico como en el enriquecimiento del Espíritu en su caligrafía. Sus veintiséis sucintos capítulos en Estableciendo (primera edición) y veintitrés concisos capítulos en Estableciendo II son la guía prag-mática de todo pastor para hacer bien la iglesia en el siglo XXI. Ya sea en la ciudad, en el centro o en el campo, hay una gran cantidad de herramientas útiles para "hacerlo bien" en la cultura occidental de hoy. Tenemos un compromiso radical con la excelencia, no porque estemos compitiendo con el pastor o la iglesia de la calle de al lado, sino porque nuestro Dios es un Dios de excelencia. Dijeron de Jesús: "Todo lo hace bien". Estableciendo y Estableciendo II nos ayuda a hacer todas las cosas bien. El capítulo 7 sobre los medios sociales personales: 'Qué hacer y qué no hacer' vale el precio del libro. Podría seguir hablando de los capítulos sobre el Cambio de Nombre, Liderando desde el Hogar del Pastor, Arminianismo vs. Calvinismo ... ¡Este es un gran recurso para todos, y especialmente para nuestros pastores menores de 40 años! ¡Lo estamos usando en Illinois!"

Gary Grogan
Pastor del Legado, Iglesia Stone Creek, Urbana, IL
Director de la Red U40 Red AG del Distrito de Illinois
Obispo, Red de Iglesias Francófonas de SCC
Junta de Regentes, North Central University

ESTABLECIENDO LA ATMÓSFERA PARA EL DÍA DE ADORACIÓN II

Joseph S. Girdler

Dedicatoria

Este libro está dedicado a mi primer nieto, James Hayes Girdler. Aunque yo estaba en Egipto cuando él nació en Nueva York, nunca olvidaré el sentimiento de agradecimiento y las oraciones que le ofrecí mientras estaba en un balcón esa mañana con vistas a la gran ciudad de El Cairo. La diferencia horaria situó su nacimiento en las primeras horas de la mañana en El Cairo y poco después de la medianoche en Nueva York. Había rezado fiel y regularmente por James durante los nueve meses que llevaba en el vientre de su madre. Unos momentos de angustia llevaron mi corazón inmediatamente al Señor en oración de nuevo. Al recibir la llamada en la que se informaba de su nacimiento sano y de la salud de su madre, tuve una conciencia abrumadora del amor de Dios y una paz y tranquilidad que pocas palabras pueden describir. Mi amor por el bebé James va más allá de la comprensión.

Fue unas semanas después cuando lo tuve por primera vez en mis brazos. Para los "abuelos" que están leyendo esto, saben lo que sentí; no hay nada parecido. Tiene mi bendición -la bendición de un abuelo, se podría decir- y pido a Dios que esté cerca de él todos los días de su vida. ¡Qué alegría trae!

Te quiero, James. El tesoro del cielo vale la pena. El Cordero de Dios es amor y te rodeará mientras se nos revela cada día. Él será tu guía. Él hará un camino. Él, hijo mío, es fiel y verdadero. Qué vida tienes por delante. No puedo esperar a estar ahí contigo en parte de este hermoso viaje.

~Todo mi amor, siempre. Papá G

Índice de contenidos

Agradecimientos...xvii
Prólogo..xxi
Introducción..xxv
Capítulo 1: Sujetando el micrófono.......................................1
Capítulo 2: Lustrar los zapatos...5
Capítulo 3: Dirigir las reuniones del Consejo de Administración..........9
Capítulo 4: Servir la Eucaristía, la Cena del Señor, la Comunión..........19
Capítulo 5: Enseñanza del Diezmo: Santo para el Señor y la responsabilidad de las finanzas....................................25
Capítulo 6: Estar en Su Presencia..35
Capítulo 7: Establecer lo que se debe y lo que no se debe hacer en las redes sociales......................................39
Capítulo 8: Celebrando la voz de su cónyuge: Tener a Renee en la plataforma..45
Capítulo 9: Reconocer el valor de la afiliación...................49
Capítulo 10: Pintar las paredes de la iglesia de los niños......57
Capítulo 11: Contratar y despedir..61
Capítulo 12: Presentación de candidaturas, elecciones y nombramientos..65
Capítulo 13: Predicar en otras iglesias.................................71
Capítulo 14: Mira hacia arriba. Mira hacia abajo. Mira a los lados.......73
Capítulo 15: Entendiendo los elementos clave para una iglesia Saludable...77
Capítulo 16: Navegando por un cambio de nombre.............85
Capítulo 17: Dirigiendo desde la casa del Pastor.................89
Capítulo 18: Ser jefe vs. ser líder..95
Capítulo 19: Proteger a los niños y seguir la ética ministerial.............101
Capítulo 20: Arminianismo vs. Calvinismo......................105
Capítulo 21: Proporcionar asesoría prematrimonial y matrimonia......111
Capítulo 22: Gestionar los conflictos..................................113
Capítulo 23: Ser sumiso, responsable y humilde...............119
Conclusión..123
Preguntas de repaso...125
Discusión de los capítulo...127

Agradecimientos

En 1982, mi vida encontró sentido, propósito, esperanza, alegría y satisfacción cuando me comprometí de todo corazón a servir al Señor y a seguir su Palabra y sus promesas. En ese momento, empecé a asistir a una iglesia, conduciendo solo semana a semana, sentado sin compañía la mayor parte del tiempo las primeras semanas, dando poco esfuerzo a conocer intencionalmente a los que me rodeaban, solo considerando esta cosa llamada vida. Pronto encontré una comunidad y me reuní y viví con los que se convertirían en amigos y familiares para siempre, aunque muchos de ellos están ahora distan-ciados por el paso de los años y rara vez se ven, ya que nuestros viajes han tomado rutas diferentes. Aun así, cuando nos reencontramos, es como si retomáramos el camino de hace treinta y cinco años como si fuera ayer. Aquella comunidad, ahora dispersa por todo el mundo, me infundió optimismo, confianza e incluso ilusión por una vida prometedora que nunca hubiera podido imaginar antes. Crecieron conmigo, se rieron conmigo, cenaron conmigo, trabajaron, jugaron, rezaron, lloraron y se quejaron (a veces) conmigo, a través del flujo y la corriente de aprender a seguir fielmente a Cristo. Muchos nunca han experimentado este increíble regalo de Dios: la Iglesia. Puede que los creyentes no estén siempre de acuerdo en todos los temas, especialmente a través de todos los giros de la política actual, o cuando navegan por los diversos géneros de culto y estilos de iglesia, pero a través de esta maravillosa comunidad, el pueblo de Dios encuentra su comprensión de Cristo y de su Iglesia.

A todos los que entraron en mi vida a lo largo de esos años, los considero amigos y colaboradores significativos en lo que se ha convertido en mis sentimientos respecto a la Iglesia. Gracias por su toque en mi vida.

Estableciendo La Atmósfera Para El Día De Adoración II

A mi familia inmediata, Renee, Steven y Julia, y Rachel, les doy siempre mi amor y devoción, ya que ustedes serán por siempre mi razón de vivir y mis más verdaderos regalos de Dios. Al personal de la iglesia de Lexington, Kentucky, de principios a mediados de los años 80, que fueron los más auténticos y me mostraron a Jesús para que pudiera conocerlo y conocerlo íntimamente, gracias. A los miembros de una iglesia a la que nuestra familia dedicó dieciséis de los mejores años de nuestras vidas antes de que me fuera para servir como superintendente de la denominación: gracias. Ustedes saben quiénes son. A los miembros del equipo más increíbles con los que he tenido el privilegio de trabajar después de mi traslado al área de Louisville para el liderazgo denominacional-gracias. A los mentores en mi vida en varias etapas de las décadas-gracias. Me vienen a la mente nombres como mi padre, Hulen F. Girdler; mi madrastra, Jessie Chandler Girdler; mis hermanos, Harry y David; y mi difunta hermana, Sue; mis cuñadas, Sandy, y ... sí, otra Sandy; mi director de la banda de música de la secundaria y el bachillerato, Jack Walker; y una profesora en mi trayectoria doctoral, la Dra. Carolyn Tennant. Aunque no lo supieran, cada uno de ellos me moldeó poco a poco. Hoy, este libro, el segundo de la serie, Estableciendo la Atmósfera para el Día de Adoración - II, es parte de ese moldeado seminal y fundamental.

Por el apoyo técnico y editorial, los profesionales de Uberwriter, Brad, Hilton y Grant Rahme -desde sus escritorios en Louisville, KY, Estados Unidos, hasta Ciudad del Cabo, Sudáfrica- ayudaron a dar forma a mi manuscrito hasta el producto final de esta obra. Por la edición del chef-d'oeuvre, gracias a la Dra. Lois Olena.

Que cada lector encuentre en estas páginas algo que apoye y mejore sus labores para el Señor. Aunque algunos de los temas del libro podrían parecer aleatorios e indiscriminados en su inclusión en esta obra, considero que cada uno de ellos es pertinente, sensiblemente esencial y cultural y contextualmente pragmático para la mayoría de los entornos de culto y comunidad. No hay nada más impresionante que una iglesia local vibrante y unos líderes que ejemplifiquen a Cristo. Y, para el seguidor de Cristo, pocas cosas se sienten más deslucidas que una iglesia que no ejemplifica tal salud. Para los ministerios fieles a la iglesia en áreas urbanas, suburbanas o rurales, este libro es para usted.

Cuando regrese, confío en que el Señor nos encuentre fieles y firmes en nuestros puestos. Cuando se caiga, vuelva a levantarse. Cuando sienta que su vocación ha terminado, no es así. Cuando luche por encontrarte a sí mismo o su paso, de un paso más cerca de Jesús. Él correrá hacia usted con bendiciones y promesas que no puede imaginar. No se preocupes por los críticos. Siempre estarán ahí. Mantenga sus ojos en Jesús.

Joseph S. Girdler, D.Min.

Prólogo

Desde que era un niño, la única cosa que mis padres me inculcaron, además de mi relación con Jesús y el amor por la gente, fue hacer todo con un espíritu de excelencia. Me enseñaron a orar sobre lo que estaba haciendo, a investigar, a establecer y gestionar mis expectativas, a planificar, a ejecutar y, lo más importante, a aprender de mis errores y a dar todo el crédito y la gloria a Dios. Mi esposa, Tristan, siempre dice: "Hagamos lo que hagamos, hagámoslo bien, y hagámoslo con excelencia". Justo cuando no puedo ser más responsable o animado, mi hijo de cinco años, Jensen, hará su única pregunta sobre todo lo que hago en la vida y como pastor: "¿Por qué?"

¿Por qué llegamos temprano a la iglesia? ¿Por qué nos reunimos con los líderes? ¿Por qué nos tomamos nuestro tiempo y nos centramos en cosas pequeñas y grandes? ¿Por qué nos preocupamos por las luces, la temperatura de la sala, las transiciones, las primeras impresiones, ir al gimnasio, tener una presencia positiva en las redes sociales? No, en realidad no ha preguntado todas esas cosas, pero su pregunta de "¿Por qué?" me hace pensar en por qué usamos nuestras palabras sabiamente, y por qué trabajamos para encontrarnos preparados en todo el sentido de la palabra. ¿Por qué? ¡Lo hacemos porque estamos estableciendo la atmósfera para que el Espíritu Santo trabaje, se mueva, moldee y ministre!

Hay ciertas cosas que sabemos que son ciertas en la vida: Jesús y la Resurrección, la muerte y los impuestos. Si usted está en el ministerio, usted sabe que todo toma más tiempo y es más caro, pero la otra cosa que los ministros saben es que no podemos arreglar a nadie, y no podemos salvar a nadie, pero podemos servir, liderar, y darlo todo para asegurarnos de que proporcionamos un lugar que invita a la gente y es acogedor para que el Espíritu habite.

Estableciendo La Atmósfera Para El Día De Adoración II

Ya sea que esté celebrando un servicio a mitad de semana y eliminando las distracciones potenciales al planear quién va a sostener el micrófono, guiando a la iglesia a través de un cambio de nombre con el fin de comunicar el mismo mensaje a través de un nuevo método, o invirtiendo en usted mismo para conocer la diferencia entre un jefe y un líder, usted está construyendo una atmósfera para que su ministerio sea eficaz con resultados exitosos. ¡El pastor Joe sigue dando en el clavo con sus palabras en Estableciendo la Atmósfera para el Día de Adoración - II, al abordar estos asuntos vitales!

Estableciendo la Atmósfera para el Día de Adoración, I y II son recursos claves para cualquiera que busque construir un ambiente exitoso y saludable para su iglesia. Tuve el privilegio de mudarme a Kentucky hace casi tres años desde el área de Chicago, y en ese tiempo el Señor ha hecho crecer nuestra iglesia de 60 a 500 personas. Hemos visto a más de 250 personas aceptar a Cristo, hemos alimentado a más de 1.000 familias, hemos bautizado a muchos, hemos lanzado numerosos ministerios, hemos construido un personal de tres a veinte, hemos aumentado nuestro presupuesto anual en más del 200 por ciento, y hemos liderado renovaciones por valor de más de 600.000 dólares. Todas estas cosas solo se pudieron hacer gracias a

1. la oración (mucha),
2. el favor del Señor,
3. Estableciendo la Atmósfera, y
4. ¡liderazgo paciente y proactivo!

Usted sabe orar y pedir a Dios, pero tenga en cuenta que nosotros, como líderes, tenemos la responsabilidad de actuar, trayendo el cambio y evaluando los escenarios, mientras entendemos claramente lo que estamos comunicando y cómo lo estamos haciendo.

Prólogo

Recuerde que está en el campo de la vida. No puede limitarse a liderar desde un escritorio o a través del correo electrónico. Tiene que vivir el ambiente, enfrentarse a los problemas y experimentar la iglesia como lo hace la gente. Desde que se bajan del coche en la iglesia hasta que vuelven a entrar, tiene que involucrarse plenamente en la logística. (No es necesario que lo sepa todo, pero sí que pueda hablar siempre de su negocio). Los olores, las caras, la alfombra, los baños, la tradición que ya no tiene sentido, así como la persona que siempre tiene el micrófono pero que no debería - todas estas cosas, ya sean positivas o negativas, a posteriori, necesitan que se les plantee esta pregunta: "¿Qué está haciendo?". Al hacer esto, se haces consciente de usted mismo y construye la atmósfera para una comunidad en la que las personas vendrán en su día libre y servirán gratis porque creen en la visión de la iglesia, dan el 10 por ciento de sus finanzas o más, ¡y se les anima a invitar a la gente a hacer lo mismo! Cuando se piensa en ello, es una tarea difícil tanto para los no creyentes como para los creyentes, sin embargo, el pastor Joe no sólo proporciona soluciones pragmáticas, sino que aborda el qué, cómo, dónde y por qué de establecer la atmósfera y cómo hacerlo es vital en cada ministerio e iglesia local.

Mientras lee esto, quizás se sienta abrumado por la cantidad de cosas que van mal en la oficina y en la iglesia. Tal vez usted es joven y "verde" o, todo lo contrario: experimentado y astuto. Tal vez haya decidido que hay demasiado que hacer. ¿Por dónde empezar? Puede que se pregunte: "¿Puedo realmente cambiar las cosas? Todo esto es tan abrumador". Permítame animarlo como alguien me animó una vez.

Independientemente de lo que esté sucediendo en su vida, usted es la persona para esta temporada en su iglesia, y la lucha no ha terminado. Tiene un propósito, tiene una razón, y es bendecido sin medida. El final del Buen Libro ha sido escrito, Jesús ha ganado, usted lucha por un Ganador, y usted ha sido llamado a este lugar y a este tiempo sabiendo bien que Él pudo haber llamado a alguien más. Pero no lo hizo. Lo llamó a usted. Ore fervientemente, pida el favor, establezca la atmósfera y dirija desde atrás. Un buen informe está a la vuelta de la esquina. ¡Usted puede hacerlo!

Sea bendecido,
Ryan Franks
Pastor principal, Journey Church, Brandenburg, KY
Director del U-40, Asambleas de Dios de Kentucky

Introducción

Innumerables hombres y mujeres sirven a la Iglesia de Dios en todas las regiones del mundo. A cerca de este trabajo, alguien dijo una vez: "La misión no es cruzar el mar. La misión es ver la Cruz". Con ese fin, escribo este libro: para que alguien pueda ver la Cruz. Amo a la Iglesia. Amo a los que se dedican al ministerio. Los ministros dan, sirven, se esfuerzan, oran y se derraman a diario, a menudo con poco reconocimiento o compensación, todo para levantarse al día siguiente y volver a hacerlo. No hay nada que les complazca más que marcar la diferencia para los demás a la luz de la llamada de Dios en sus vidas. Están comprometidos con su arte y ven su trabajo como una llamada sagrada -no una que tienen que hacer, sino una que consiguen hacer- y la mayoría de ellos lo aman.

Entré en la universidad con el sueño de estudiar medicina y pasar todo mi tiempo libre tocando jazz. Poco después, me di cuenta de que la medicina no era lo mío. Para ser honesto, no había aprendido en la escuela secundaria cómo dar realmente importancia a la beca, y los rigores requeridos para una carrera de medicina no eran algo que me interesara asumir en esa etapa. El Señor tuvo a bien permitir que me enamorara de mi novia de la universidad, que se convirtió en una estimada médica. Tuvimos dos hijos increíbles. Más tarde, mi hijo, con una sonrisa que ilumina una habitación, obtuvo un título universitario en religión. Muchos pensaron que iba a seguir mis pasos, pero entonces se presentó a la facultad de medicina. Un chico con un título de religión que se presenta a la facultad de medicina, ¿quién lo habría pensado? Ahora, él y también mi extraordinaria nuera viven para los demás mediante el servicio a través de la medicina.

Mi segundo descendiente, mi hija, es una pensadora tan independiente como nunca había nacido. Está llena de vida, le encanta estar en movimiento y trae consigo la paz cuando entra en

Estableciendo La Atmósfera Para El Día De Adoración II

una habitación. Desde luego, no querrás discutir sobre política con ella; ganará siempre. Y es una gran experta en Biblia. Soy un hombre bendecido. Sonríe cuando recuerda a la familia que es "la favorita". Ella también emprendió un camino similar de servicio a los demás, siguiendo una carrera que la llevó a obtener un Máster en Trabajo Social. Hoy sirve en un ministerio extraordinario a través de misiones en las selvas de Sudamérica. Oh, ¡Qué vida la nuestra! Aunque mis días en la universidad estaban llenos de jazz, ahora hacemos otro tipo de música en familia.

Los primeros años no se olvidan, aunque fue una temporada de mi vida relativamente desconocida para mis hijos. El disfrute de mi música en la universidad duró una temporada, tocando en pequeños conjuntos de jazz aquí y allá y, en general, dedicando innumerables horas a la banda de música de nuestra universidad, compuesta por más de 300 miembros. La gloria de esos esfuerzos se encontraba en los boletos gratuitos, los viajes en autobús y los vuelos para seguir a los equipos de baloncesto o de fútbol americano de la Universidad de Kentucky a varios juegos de la conferencia y del torneo de la SEC o a los juegos de la copa en todo Estados Unidos. Sin embargo, pronto me di cuenta de que la posibilidad de hacer carrera con mis inclinaciones musicales era remota, sobre todo después de dedicar cuatro años de universidad junto a algunos de los instrumentistas, trovadores, compositores y solistas más dotados que había conocido y que, como músicos de sesión, daban vueltas a mi alrededor sin esfuerzo. No me sorprendió que algunos de ellos tuvieran carreras musicales aclamadas.

La música me llevó a dirigir el servicio de adoración, lo que me llevó inicialmente a servir en esas funciones. A los dieciocho meses de mi primer puesto en el ministerio a tiempo completo, se me pidió que sirviera como pastor interino de la iglesia. Dos años más tarde, se me pidió que sirviera por segunda vez como pastor

Introducción

Lo que intento decir es que (aunque soy un hombre bendecido en muchos aspectos, y sé que lo soy) pronto me di cuenta de que no tengo nada, y no soy más que un necesitado.

William Cowper escribió estas palabras en 1772: "Hay una fuente llena de sangre, extraída de las venas de Emanuel; y los pecadores sumergidos bajo ese torrente, pierden todas sus manchas culpables. El ladrón moribundo se regocijó al ver esa fuente en su día; y allí yo, tan vil como él, he lavado todos mis pecados". Estas palabras fueron claramente tomadas de pasajes del Nuevo Testamento como Efesios 1:7; 2:13; Juan 19:34; Colosenses 1:20; y Hebreos 9:12-14, así como de pasajes del Antiguo Testamento como Zacarías 13:1 y otros más. Los pecados de Cowper fueron lavados. Descubrió que estaba necesitado. Qué verdad tan poderosa.

Mientras añado este párrafo, estoy sentado fuera, bajo un pequeño toldo, escuchando la suave lluvia, constante y refrescante. Es la víspera de Pascua y mi mujer y yo estamos en el este de Kentucky, en la casa de la familia de mi suegra, situada en una auténtica hondonada de Kentucky (o "Holler", como la llaman los lugareños) que consta de una calle con casas a ambos lados de la carretera hasta que termina en la base de un acantilado. A ambos lados de la sencilla carretera, detrás de cada casa, se elevan empinadas colinas. Pienso en el servicio de Pascua de mañana en la pequeña iglesia de la comunidad rural que mi suegro plantó hace cincuenta años.

Durante el magnífico tiempo de Pascua, me atrae el recuerdo que ofrece la Iglesia de hoy del criminal crucificado que muere junto a Jesús. Qué día habría sido presenciar, ver a este hombre Barrabás merecedor de la muerte en sus últimos momentos antes de la eternidad discernir y recibir la gracia salvadora de Cristo colgado junto a él en ese cruel árbol de la muerte; qué poderoso triunfo sobre la tragedia. No trajo a Cristo nada más que su necesidad de un Salvador, y todo lo que ofreció fue la fe. Cuando necesité esa relación personal con el Salvador, mucho más allá de la rutina diaria de una fe del tipo "voy a la iglesia" y "claro que creo", encontré que la promesa dada en Cristo era refrescante, limpiadora, fortalecedora y renovadora. Él era todo lo que necesitaba. Su gloria se revelaba y mi confianza descansaba en Él. Como dijo Corrie Ten Boom: "Nunca temas confiar un futuro desconocido a un Dios conocido".

Recuerden amigos, cuando Su gloria descanse en su vida, no tendrán que anunciarlo, revelarlo, producir una tarjeta de presentación o decírselo a alguien. Ellos ya lo sabrán. Ojalá busquemos, encontremos y caminemos en Su gloria revelada. En el camino, ame a Dios, ame a la gente, tenga un mensaje claro, y espere que Dios lo use para hacer una diferencia en el reino.

He escrito esta secuela de Estableciendo la Atmósfera para el Día de Adoración para cavar un poco más profundo, ir un poco más lejos, y responder más de los temas del mundo real que enfrenta la Iglesia de hoy y sus líderes. Estos temas me han sido planteados como preguntas muchas veces en mis años de ministerio. Esta sencilla guía no pretende ser una enciclopedia de los temas, ni tampoco una investigación completa de los temas encontrados. Los temas que usted procesará en las páginas siguientes están esta vez (a diferencia del estilo de mi libro inicial, Estableciendo la Atmósfera para el Día de Adoración) escritos en una etiqueta manuscrita más acostumbrada, en lugar de sugerencias con viñetas. Los temas de este libro están mezclados y son aleatorios a propósito, ya que a lo largo de los años de ministerio descubrí que cada año, cada mes, cada día, a veces hora por hora de un día, nunca sabía realmente lo que se me iba a presentar. Cada día era una nueva aventura. Cada llamada telefónica traía un nuevo reto. Cada conversación podía marcar el ritmo de algo emocionante o desafiante. Hubo momentos en los que me pregunté si era el Señor o el mismísimo diablo quien me presentaba la agenda. De cualquier manera, me encontré amando

Introducción

la obra de Dios y el pueblo de Dios más y más, año tras año. Es un privilegio ocuparse de los asuntos del Padre. Como se dijo antes, no tenemos que hacer esto, hoy, esta semana, este mes o este año. Para aquellos de nosotros que hemos sido llamados y hemos elegido el camino del ministerio vocacional, recuerden: no tenemos que hacer esto, pero podemos hacerlo. Sigue siendo el honor de toda una vida servir al Señor en esta gran cosecha.

Comencemos.

Capítulo 1

Sujetando el micrófono

La anciana santa fue ingenua ante el comentario que hizo, pero mientras salía, más de uno en la audiencia escuchó lo mismo, "...y, el diablo ha estado tras de mí toda la semana, bendito sea su santo nombre..." ¿QUÉ? ¿Se escuchó bien? ¡Oh, Dios! ¡No hay nada en el nombre del diablo que sea santo, y nada que bendecir! Por supuesto, no era eso lo que quería decir en absoluto, y todo el mundo lo sabía. Con mi sonrisa y una mueca un poco tímida, sólo podía esperar que no siguiera mucho más. Sin embargo, el micrófono había resonado en toda la iglesia y no había forma de retractarse de las palabras. Al igual que en este caso, hay ocasiones en las que el pastor u otro líder aprenderá por las malas que los micrófonos no deben entregarse gratuitamente a un asistente dispuesto a hablar abiertamente cuando se le da la oportunidad, o entregarse incluso al más sincero de los santos cuando no se sabe del todo lo que va a salir de su boca. Esta simple lección aprendida puede ayudar a los líderes de la iglesia a establecer la atmósfera para encuentros genuinos con Dios para aquellos que esperan desesperadamente encontrar un lugar de culto en el que sientan que pueden confiar y abrazar.

Cuando pastoreaba una congregación local hace varios años, me funcionó bien incorporar la ocasión para que los miembros y congregantes compartieran personalmente sus historias, dieran sus "testimonios" (como se llamaba en aquellos días), añadiendo un elemento más individual al servicio. El elemento interactivo de los servicios de la iglesia se pierde a menudo en la sociedad "instantánea" de hoy y en los horarios "centrados en la planificación". En mis primeros años de pastorado, el servicio del domingo por la noche era un evento mucho más común, y yo utilizaba esa reunión y nuestra reunión de mitad de semana para esos momentos personales. Estos momentos se convirtieron en una parte significativa de nuestra liturgia. ¿Por qué no ofrecerlo como parte planificada de tu dinámica? Se sorprendería de cómo el Señor utiliza a las personas para animar y fortalecer a los demás. ¿No es eso lo que debemos hacer, edificar la iglesia para que se ministre unos a otros? Además, sin duda se sorprenderá de cómo esta simple adición a su estructura unirá al cuerpo de Cristo y desarrollará aún más la unidad en toda la iglesia.

Ya he escrito sobre la unidad en Misionología Redentora en Contexto Neumático: Misiones Prácticas Dirigidas por el Espíritu Santo, pero uno nunca puede decir lo suficiente sobre la importancia de la unidad en el cuerpo. A principios de 2019, dirigí un Día de Oración celebrado en Paducah, Kentucky, para un grupo de unos treinta ministros. En esa reunión, di la oportunidad a otros de dirigir, orar y compartir personalmente. Cuando un pastor comenzó a orar, me sentí atraído por sus apasionadas palabras: "Padre, la unidad es buena, pero la armonía es mejor, donde los dones se convierten en armas, y donde un grito de victoria resuena a través de las naciones..." mientras continuaba. La persona que oraba era pastor de jóvenes en la misma época que yo en nuestra confraternidad, a finales de los años ochenta. En la actualidad, es una voz apasionada de la obra de Dios, y eso se nota en sus oraciones, que llenaron de energía y centraron a todo el grupo reunido. Cuando usted permite que otras personas en sus reuniones se conviertan en parte de su estructura de adoración, usted también encontrará que Dios los usa a ellos y a su voz para animar a sus fieles seguidores y desafiar a los que buscan.

Permítame ofrecer este consejo a los pastores y líderes cuando se trata de los momentos particulares en los que usted necesita dirigir, pero quiere compartir el micrófono con otros. En esos casos -generalmente en medio del servicio-, mantenga el micrófono en todo momento. Cuando se lo ofrezcas a alguien para que comparta una palabra, o para que ofrezca un "testimonio", simplemente sostenga el micrófono e inclínelo hacia su boca para que hable. Ellos, naturalmente, se acercarán para tomarlo. Si lo sueltan, no hay garantía de que lo recuperen fácilmente, y cuando vuelvan a tener el micrófono en la mano, puede que sea demasiado tarde. Lo que hayan dicho ya se ha dicho en ese momento. Si usted sostiene el micrófono sin esfuerzo, pero con un agarre un poco firme, cuando ellos lo alcancen sentirán la tensión y probablemente se apartarán de intentar quitárselo de la mano. Si no lo hacen y empiezan a tirar de usted para hacerse con el control del micrófono (y eso me ha ocurrido más de una vez en el pasado), no lo suelte. Sonríales y hágales saber, y a todos los demás en la congregación también, que el pastor tiene el control y protegerá al rebaño del miedo a lo desconocido. Si bien es posible que haya una persona que siga tirando del micrófono, he comprobado que la mayoría de los feligreses desean un liderazgo pastoral que muestre un control respetuoso, en lugar de un enfoque de "todo vale", un entorno en el que puede ocurrir cualquier cosa. Créanme. Hablo por experiencia. Deje que sus familias confíen en su liderazgo. Si algo se sale de control o no se hace decentemente y en orden, previamente les habrás dado mucho el factor de confianza basado en el conocimiento de que usted será un líder valiente y protegerá a los santos y la obra del Señor.

Además, a veces las buenas personas tienen buenas intenciones, pero simplemente siguen y siguen, y su historia parece no terminar nunca. Sientes que la gente se siente incómoda, pero si has soltado el micrófono es difícil llegar a sus manos y recuperarlo, cortándoles claramente antes de que terminen, y haciéndolo todo delante de un público en directo que ve cómo te perciben

Deje que sus familias confíen en su liderazgo.

tratando a los demás. Ya he dicho antes que la percepción es la realidad para la gente que la tiene. Y, si parece que el pastor o el líder está cortando a la gente, siendo grosero, o lo que sea el caso, eso será un reto para superar. Lo mejor es no encontrarse en esa circunstancia en primer lugar. Sujeta el micrófono en esos momentos concretos de los que hablo. No lo sueltes, aunque conozcas y confíes en la fuente. Hazlo todo con una sonrisa. Simultáneamente, estarás sirviendo como un pastor valiente y amoroso a tu rebaño. Este capítulo no trata tanto de quién tiene el micrófono en la mano como de establecer una norma de excelencia y un precedente de protección, cobertura y liderazgo pastoral.

Ciertamente, hay ocasiones en las que se pueden y deben hacer excepciones, pero son raras. Dirija con discernimiento. Deje que el Espíritu Santo le guíe. Escuche atentamente cuando Él hable.

Lustrar los zapatos

¿Qué tiene esto que ver con Estableciendo la Atmósfera para el Día de Adoración? En primer lugar, tengamos en cuenta de quién es el "día de adoración" del que podríamos estar hablando. Las comunidades están llenas de buenas personas que han prestado poco interés a las cosas de Dios, a la casa del Señor, a la iglesia local o a los esfuerzos de los ministerios comunitarios. Conozco a muchas personas que no han puesto un pie dentro de un edificio de la iglesia en años. Otros sólo han entrado una vez en toda su vida. Y otros nunca en su vida han entrado en un lugar de adoración. Cuando el Espíritu les atrae a hacerlo, deben encontrar una amplia razón para confiar en lo que oyen, lo que sienten, lo que ven y lo que buscan.

He oído decir que lo primero que la gente mira cuando se encuentra con alguien, vestido para cualquier ocasión, son sus zapatos. Curiosamente, me he dado cuenta a lo largo de los años de que yo hago lo mismo, fijándome inmediatamente en los zapatos del banquero, en los del jugador de baloncesto D-1, en los de la empleada de Starbucks, en los del mecánico, en los de mi médico, en los de la enfermera, en los del ingeniero, en los del profesor, y sí... en los del pastor, sacerdote, predicador o ministro.

Puede que te parezca extraño, pero me ha sorprendido el número de veces que he conocido a pastores y he notado lo desaliñado de su aspecto. Seamos sinceros. Yo también he tenido mis días en los que simplemente no estoy en el juego. Tal vez sea una temporada de aumento de peso, o simplemente estoy cansado y no me cuido tanto. Sin embargo, con demasiada frecuencia, la cultura relajada de hoy en día desprecia un aspecto poco cuidado con la excusa de "soy así" o "prefiero el enfoque natural". A veces percibo una actitud descuidada por las acciones o los rasgos de la personalidad de una persona, y otras veces se percibe por la forma en que va vestida; simplemente el desgaste, la suciedad manchada, el barro (sí, el barro) y las rozaduras de sus zapatos que no han sido lustrados en meses -o posiblemente nunca- cuentan la historia. Para un invitado a la iglesia, esa apariencia causa una mala primera impresión y envía el mensaje de que en lugar del líder y pastor de confianza del rebaño que esperaban ver y conocer, el pastor es probablemente un recién llegado al negocio, o un veterano que honestamente no debería estar en esa posición por más tiempo y que necesita un buen pulido.

Los zapatos comunican. Sin embargo, no me refiero únicamente a los zapatos. A veces, los zapatos que acabo de describir -sin que lo sepan los ministros que los llevan, por supuesto- comunican que su ministerio es posiblemente tan descuidado como los zapatos que llevan. Ya he dicho antes que "la percepción es la realidad para la gente que la tiene".

A principios de la década de 1980, cuando asistía a la universidad y las iglesias y los líderes de la iglesia que me rodeaban moldeaban mi vida espiritual, era común ver el "uniforme" del servicio de adoración. Tanto los líderes masculinos como los femeninos usaban ropa que comunicaba la credibilidad, la estima y la responsabilidad del líder. Para los hombres, un traje oscuro de dos piezas era un atuendo aceptable con una camisa blanca conservadora y una corbata de acompañamiento con un poco de personalidad. Con suerte, la punta de la corbata caía justo a la altura de la hebilla del cinturón y no aterrizaba

Su ministerio es posiblemente tan descuidado como los zapatos que llevan.

vergonzosamente a media altura. Hace poco volví a ver eso y pensé: "¿Debo decir algo?". O, "¿Debería ofrecerme como voluntario para ir a una habitación trasera y volver a anudar su corbata por él?". Opté por no ofrecer palabras superficiales y quedarme callado. Para las mujeres líderes de la década de 1980, el "uniforme" del servicio de adoración solía incluir colores neutros, telas variadas, pero pocos adornos, pelo recogido, sombreros grandes, bolsos y hombros grandes. Aunque existían faldas fluctuantes o cambiantes o estilos de escote, la modestia reinaba a menudo (en función de la demografía generacional) con vestidos maxi o bordados de manga larga. La cuestión es que, aparentemente, había un estándar aceptable de modestia en el liderazgo que comunicaba confianza e influencia creíble. Esto sigue siendo cierto hoy en día.

Recuerdo que un colega de confianza del ministerio me mencionó hace años, cuando le comenté lo impecables que parecían sus zapatos (iba vestido como un profesional, que lo era), que los zapatos que llevaba "eran sólo para el domingo". Los llevaba sólo para "el día del culto", para ofrecer lo mejor de sí mismo y presentar lo mejor al Señor y al pueblo del Señor al que iba a ministrar ese día. Eso me causó una impresión que recuerdo bien hasta hoy. Desde aquel día, tengo un par de zapatos nuevos en la caja y en mi armario que sólo saco o me pongo de vez en cuando.

A menudo, en nuestro contexto norteamericano, la gente se ríe de la cantidad de zapatos que tienen las mujeres en sus armarios. Sé que algunos hombres también tienen (en mi opinión) una colección exorbitante de zapatos. ¿Cuántas veces, en nuestros más de treinta años juntos, ha entrado mi hermosa esposa en una habitación y ha dicho: "Estos zapatos van con este conjunto"? O: "¿Qué te parece este conjunto?". Una vez más, la cuestión sigue siendo, como se desprende de esos ejemplos, que es importante ofrecer lo mejor de uno mismo cuando se le coloca en posiciones de liderazgo público. También anima a los líderes a estar un poco más altos y liderar un poco más fuerte cuando son conscientes de que su apariencia está bien afinada.

Tal vez haya algo en presentar lo mejor de nosotros mismos, en ser lo mejor, en ofrecer al Señor lo mejor de nosotros mismos, sea lo que sea. Incluso con las variaciones culturales en cuanto a la vestimenta y los protocolos de la plataforma en la actualidad, sugiero que los ministros del evangelio consideren al menos pulir sus zapatos. Y, a estas alturas, espero que se den cuenta de que no estoy hablando únicamente (¿no les encanta esa metáfora?) de... zapatos. Los líderes deberían ser más conscientes de lo que representan, tanto en su apariencia como en su ministerio.

Dirigir las reuniones del Consejo de Administración

Nunca deja de sorprenderme el número de pastores y líderes de iglesias que parecen encontrar tiempo para todo, excepto para las reuniones de la junta directiva, de los ancianos o del personal. Una forma segura de asegurar que la atmósfera de su iglesia no esté adecuadamente preparada para que los feligreses abracen plenamente el ambiente para el culto es dejarlos contemplando, adivinando, curiosos o incluso preocupados. ¿Preocupados por qué? No hace falta mucho para que la gente se preocupe de que las cosas no se estén manejando del todo bien, o de que la integridad no se esté abrazando plenamente detrás de las puertas cerradas del liderazgo. Demasiado a menudo la gente puede ver claramente que la excelencia en el ministerio no es el listón de la norma. ¿Has leído los dos primeros capítulos? Al igual que en el liderazgo provisto para un servicio, lo que se permite transmitir por los micrófonos, o a través del liderazgo físico o espiritual retratado por la apariencia y la presentación, las reuniones de la junta directiva y las reuniones del personal son igualmente importantes.

A lo largo de los años, más de un miembro de la junta de la iglesia me ha dicho que su pastor no había celebrado una reunión de la junta en más de un año, tal vez dos años, o más. Los pastores me han dicho que encuentran poca necesidad de celebrar una reunión especial cuando la junta de la iglesia o los ancianos se ven cada vez que se reúnen para un servicio y pueden simplemente hablar entre ellos en el santuario, el pasillo o el aparcamiento. ¿En serio?

Si alguna vez ha participado en una reunión de la junta directiva aburrida, insatisfactoria o espantosa, sin duda habrá estado tentado de plantear la pregunta: "¿Por qué tenerlas?" Si se encuentra en un entorno rural, o incluso en una iglesia pequeña, es fácil sugerir una reunión rápida en aras de la unidad de la iglesia con sus líderes. Pero tenga en cuenta esto: usted le debe a su congregación proporcionarle la mejor fuente de liderazgo posible, y la celebración de reuniones mensuales -o programadas regularmente- de la junta directiva es, en mi opinión, la mejor manera de hacerlo.

Las reuniones de la junta directiva no se celebran simplemente para hacer números, abordar informes financieros o tratar la cuestión de quién ha faltado a la iglesia. Las reuniones de la junta directiva son las reuniones antes de las reuniones. Los líderes eficaces siempre llegan a las sesiones preparados, a tiempo, con sus pensamientos, su agenda y su radar de discernimiento en el punto de mira de la sala y el calor del tema(s). Los buenos líderes sueñan, se dirigen a las partes interesadas, rebotan ideas en su círculo íntimo, escuchan, ajustan y abordan. Las reuniones del consejo de administración se celebran para ser eficaces, no para ser rutinarias o mundanas. Las reuniones de la junta directiva pueden servir para proyectar una visión, conseguir la adhesión de sus compañeros y divulgar intencionadamente iniciativas aparentemente desapasionadas que motiven a la iglesia para ese momento en el que finalmente se sube al escenario. Esos momentos pueden ayudar a que la gente se sienta al borde de sus asientos. Cuando te dirijas a la multitud, ya sabrás que la junta directiva te apoya, sabrás si lo han discutido en algún sentido con sus familias, que esos familiares te apoyan, y que los dirigentes de la iglesia han sido bien informados y te apoyan mientras avanzas.

Si alguna vez tienes la oportunidad de hablar con los líderes de la Iglesia Journey en Brandenburg, Kentucky, te darás cuenta de que antes de toda la visión, las renovaciones y el crecimiento, la semilla de la esperanza de todo lo que han hecho se dejó caer primero en la sala de juntas, con sólo un joven pastor y tres señores mayores. El pastor dijo: "¿Quieres arriesgarte con esto?". Y los señores mayores dijeron: "¿Qué tenemos que perder?". Todo lo que se necesita son varias voces dispuestas a decir: "¡Hagamos esto!".

Independientemente de su posición en esta conversación, simplemente elijo creer lo mejor de la gente. A lo largo de los años he decidido que la mayoría de los líderes pastorales realmente quieren hacer las cosas bien. En algunas circunstancias, los líderes bien intencionados simplemente pueden no saber cómo hacer algo o cómo ser mejores en lo que su ministerio carece. Es esencial tener reuniones apropiadas y llevar actas de estas. Al principio, incluso puede haber algunos asuntos legales relacionados con que las organizaciones mantengan actas archivadas y oficiales de las reuniones. Es posible que, sin las actas archivadas de las reuniones de la junta directiva, el Servicio de Impuestos Internos (IRS) o el público puedan poner en duda cuestiones de cumplimiento relacionadas con el seguimiento de los estatutos, o podrían cuestionar la participación de la junta directiva entre las regulaciones de la ley sin fines de lucro y su cumplimiento.

Las actas oficiales son un recurso importante, pero a menudo infravalorado. Proporcionan un recuento recordado de información clave, como las actividades de la junta directiva, las elecciones de funcionarios o ejecutivos y los informes definitivos de los equipos y el personal.

Por lo tanto, programe y celebre esas reuniones con regularidad. ¿Qué es regular? Sugiero que sean mensuales, pero según el contexto de cada iglesia, podrían ser trimestrales o semanales, según el caso. Cuando se reúnan, levanten actas. Las actas deben ser genéricas. No hay necesidad de enumerar: "El

Hno. Jones dijo... luego el Hno. Smith votó... Y, la decisión final fue..." Tenga la conversación, vote según sea necesario, y simplemente registre, "Una moción prevaleció con ... o sin voto disidente (según sea el caso) para..." Si es posible, escriba las actas a máquina en lugar de hacerlo a mano. En el caso de las actas oficiales, lo mecanografiado es mucho más legible, profesional y aceptable para quienes tengan que revisarlas posteriormente.

Tal vez hayamos introducido algunos detalles demasiado rápido. Te preguntarás: "¿Qué son las actas?". Las organizaciones legalmente constituidas funcionan con sus notas oficiales registradas de las reuniones de los miembros o administradores. Siempre he pensado que las actas documentadas se consideran abiertas a todos los miembros oficiales en regla de la organización, pero eso no significa que cualquier miembro pueda o deba esperar entrar en cualquier momento sin cita previa o sin anunciar su llegada, y esperar revisar todas las actas oficiales. Haga todas las cosas de forma sistemática y respetuosa.

Normalmente, un secretario de la iglesia registrará las actas de una reunión de la junta directiva, a menos que se haya designado a otra persona para que desempeñe esa función en varias reuniones. Lo más apropiado sería que el secretario presentara por escrito (preferiblemente a máquina) las actas a todos los miembros de la junta antes o al comienzo de la reunión. He visto algunos archivos desordenados, por lo que mi sugerencia es que las páginas de las actas estén numeradas con la fecha de la reunión debidamente anotada. El secretario encargado de la documentación debería firmar la conclusión de las actas preparadas para que sean detalladas y responsables.

El párroco o el presidente en funciones de la junta directiva deben preparar con antelación el orden del día de la reunión y enviarlo a los miembros de la junta directiva antes de la reunión para que sepan exactamente qué hay en el orden del día antes de su llegada. Esto les permite considerar sus opiniones y pensamientos en consecuencia. Es respetuoso con los miembros de la junta y ahorra una enorme cantidad de tiempo cuando la junta se reúne. Además, dejar que los miembros de la junta vean el orden del día con antelación les permite no sorprenderse, ni ser cogidos por sorpresa (en esos momentos ocasionales en los que algo sería tal), ni frustrarse por no saber lo que estaba pasando hasta que llegaron allí. Los buenos líderes ayudan a evitar esos posibles escollos y marcan el ritmo de una comunicación sólida y unas relaciones sanas a través de los diálogos.

Aunque añadir al orden del día algo que se va a discutir y que no se ha incluido en el orden del día preparado de antemano es a menudo aceptable, también permite la posibilidad de que se produzcan malentendidos, frustraciones indebidas o angustias. Cuando envíe el orden del día preparado con anterioridad a la reunión para que los miembros lo revisen, permítales respetuosamente la oportunidad de añadir un tema de debate que consideren prudente para la iglesia o el ministerio. Simplemente pídales que envíen ese tema con antelación para que usted pueda añadirlo al orden del día antes de la reunión. Esto también permite que se le respete a usted, como pastor/presidente de la junta, para que no le pille desprevenido. Si un tema presentado necesita ser discutido hasta cierto punto entre el miembro de la junta que lo agrega y el pastor/presidente de la junta, entonces respetuosamente hágalo antes de la reunión para hablar sobre el corazón y el alma del asunto(s).

No mucho después de comenzar el pastorado, determiné que era bastante difícil tener discusiones sobre la visión del ministerio, los departamentos del ministerio, los ministerios de la juventud, los ministerios de los niños, los ministerios de la guardería, los adultos jóvenes, los santos mayores, o lo que sea, sin que yo tuviera a los líderes clave sentados en la sala en ese momento, para ayudar a la comprensión y para proporcionar el diálogo a medida que surgieran preguntas o percepciones. Aunque a veces los miembros de la junta directiva quieran o necesiten hablar en privado sin que esté presente el resto del personal de la iglesia, esos momentos son raros si la iglesia es saludable. Si la persona necesita hablar con usted en privado, puede reconocerlo fácilmente al personal presente, que, en un momento preestablecido en el orden del día, el personal relacionado con el tema puede necesitar salir unos minutos antes de volver (para que los miembros de la junta puedan hablar abiertamente).

Me pareció maravillosamente útil que el personal estuviera presente en las reuniones de la junta. La unidad construida entre los pastores del personal y los miembros de la junta al reunirse como colegas construyó el respeto mutuo, y para la visión del ministerio de la iglesia, la sinergia y la salud de la iglesia. Considere la posibilidad de incluir a los líderes del ministerio de su iglesia (remunerados o voluntarios) en las reuniones de la junta directiva. En mi opinión y experiencia, las reuniones de la junta directiva y del personal son saludables. Si no ha hecho esto anteriormente, pero le gustaría hacerlo en el futuro, sea respetuoso con el hecho de que posiblemente esté cambiando una cultura de años. No lo hagas sin hablar con las partes implicadas. Trátelo primero a los miembros de la junta directiva de la iglesia como parte del orden del día de la reunión de la junta del mes siguiente para tener la discusión. Esto también genera confianza entre usted y su liderazgo y demuestra que usted no es un líder sin escrúpulos que va a hacer lo que le plazca sin siquiera hablar del cambio con los líderes que le importan. Sé inteligente. Juega limpio. Construye confianza. Vive la salud de la iglesia.

Me pareció maravillosamente útil que el personal estuviera presente en las reuniones de la junta.

¿Qué debe contener un orden del día? Existe una multitud de estilos para las agendas que funcionarán para su iglesia. A continuación, hay una muestra de algunos temas para empezar si su iglesia o sus iniciativas personales de liderazgo le sugieren hacer un poco mejor este proceso de sistemas en particular.

- Bienvenida/Devociones/Comunión/Oración
- Llamada al orden
- Revisión y aprobación del acta de la reunión anterior
- Revisión y aprobación del presente orden del día
- Informe del pastor
- Informes de los Comités
- Informes de los ministerios del personal
- Asuntos pendientes
- Asuntos nuevos
- Levantamiento de la sesión/Oración

¿Ha considerado la posibilidad de tener comida (sándwiches, aperitivos, comida casera), té, refrescos y café (a menos que opte por evitar la cafeína, y si lo hace, no hay problema; puede servir agua) en sus reuniones de la junta directiva? Debería hacerlo. Desde el punto de vista práctico, si las reuniones se celebran por la tarde o a primera hora de la noche, después de que los miembros de la junta directiva hayan trabajado durante largas jornadas en sus puestos de trabajo o carreras, ofrecer comida les da la oportunidad de comer algo en la propia reunión. Más allá de las razones prácticas para tener comida, estratégicamente, he encontrado que cuando las personas comparten una comida juntos, tienden a trabajar mejor juntos, también. Jesús dio ese ejemplo. ¿Por qué no habríamos de seguirlo nosotros también?

Las reuniones de la junta directiva son un acto de adoración espiritual. Los líderes dados por Dios están dando de sí mismos al Señor y a su iglesia con sus talentos y dones de liderazgo para ayudar a la iglesia a ser todo lo que puede ser para la obra de Dios. Considere servir la comunión a los miembros de su junta directiva al inicio de la reunión. He hecho esto ocasionalmente y he conocido amigos y colegas que lo han hecho regularmente. Construye una dinámica espiritual entre los líderes de la iglesia. Cuando surgen temas delicados, si acaban de comulgar juntos, es un poco más difícil enfadarse unos con otros. Me gustaría pensar que las estadísticas están a mi favor para evitar el conflicto cuando el pastor ha establecido la atmósfera del día de culto.

Aunque no siempre es la opción aceptable en función de lo que se esté tratando en cada momento, adoptar la postura de "En caso de duda, no lo hagas" es una buena posición en la que confiar. Durante muchos años de reuniones de la junta directiva, yo dirigía las discusiones, realizaba votaciones sobre los temas y discernía en oración si la iglesia debía proceder, o no, con un tema o decisión determinada. La mayoría de las veces, cuando los votos de la junta estaban divididos o no estaban sólidamente unificados, como presidente/pastor, ponía la decisión o la discusión en la siguiente reunión para seguir discutiéndola. A veces teníamos cosas en la agenda durante meses. Algunas cosas las llevábamos adelante y otras las sacábamos de la mesa permanentemente, todo porque yo buscaba la unidad dentro de nuestro liderazgo sobre el tema. Son pocas las montañas en las que vale la pena morir. Determina cuáles son las que importan. Solo se vive la vida una vez y un veredicto erróneo puede frustrar la salud de la iglesia y su liderazgo para el resto de esta.

Capítulo 4

Servir la Eucaristía, la Cena del Señor, la Comunión

Creo en el poder de la Comunión, un recuerdo íntimo de Jesús, su muerte, sepultura y poderosa resurrección. Su perdón de mis pecados y sus promesas para la vida cotidiana son para mí algo más que una narración. Son una crónica fiable y precisa de la veracidad y la vida. El texto principal para este momento de reflexión contemplativa que provoca el alma suele ser 1 Corintios 11:23-29.

Mientras era estudiante, en las lecciones de griego tomadas en el seminario, absorbí suficiente perspectiva para comprobar el contexto y el tiempo. El griego utiliza la palabra anamnesis para describir un monumento o recuerdo, en este caso de la muerte redentora de Cristo por el creyente. Mientras que observaba que lo que Cristo logró a través de su muerte es la razón principal de su mandato, "Haced esto en memoria mía" (1 Cor 11:24-25, KJV), un amigo me recordó recientemente el poder que tiene recordar la totalidad de la vida de Jesús y sus palabras. Jesús recibió a los

Es más importante de lo que la mayoría cree que los participantes en el servicio de la Comunión se examinen a sí mismos.

niños. Jesús curó a los ciegos y a los enfermos. Jesús alimentó a los hambrientos. Jesús caminó sobre el agua. Jesús resucitó a Lázaro de entre los muertos. Realizó milagros en las bodas de Caná. Se humilló para lavar los pies de la gente. Rompió todas las normas culturales para encontrarse con la mujer del pozo y con la mujer sorprendida en el adulterio. Llamó a los discípulos. Además, Jesús se proclamó a sí mismo como el Pan de Vida, la Luz del Mundo, el Buen Pastor, la Verdadera Vid, y mucho más. Jesús también ordenó esta confesión personal para los creyentes. Fue su mandato que los creyentes proclamaran su muerte de esta manera hasta su regreso. Para los incrédulos, los bebés o los niños que no comprenden, sugiero definitivamente abstenerse de servirles los elementos de la Comunión. Este memorial de la Cruz de Jesús es una marca de la profesión cristiana, que representa la devoción mutua entre los creyentes de la misma fe preciosa. 1 Corintios 11:27 habla de aquellos que no son seguidores de Cristo, que no comprenden la profesión personal y el sello de las promesas de su muerte y vida participando sin considerar el valor de la conmemoración. Cuando se recibe la Comunión con ligereza, los individuos se vuelven culpables, tratando como común lo que es sagrado, bebiendo la condenación para sí mismos (1 Cor 11: 28-29). Es más importante de lo que la mayoría cree que los participantes en el servicio de la Comunión se examinen a sí mismos, escudriñando sus corazones, evitando la forma y el ritual, aplicando las promesas de la nueva alianza de la sangre de Cristo a la propia vida.

Cuando pienses en los momentos de comunión de tu iglesia, otros pasajes que aportarán fuerza al servicio son: Salmo 139: 23-24; Mateo 26: 27-29; Marcos 14: 22-25; Lucas 22: 19-20; Hechos 2:42; y 1 Corintios 10:16, 21. Considere la posibilidad de que su congregación cante en silencio y de forma reflexiva ese himno intemporal, " La Vieja Cruz Resistente" (The Old Rugged Cross). Haga que su servicio de comunión sea significativo contando la historia, explicando los personajes y utilizando los símbolos para llevar el mensaje de Cristo a las personas que buscan conocer la profundidad de esta poderosa promesa: la comunión.

A lo largo de los años, cuando era pastor de una iglesia local, ofrecía y servía la Comunión en nuestro servicio una semana al mes. A menudo, compartía un breve mensaje bíblico y oraba mientras se ofrecían los elementos a todos. La mayoría de las veces tenía un amigo de confianza y miembro del personal desde hace mucho tiempo, que dirigía el servicio de comunión para nuestra congregación. Era el sistema de nuestra iglesia para esa temporada. Él y yo habíamos asistido juntos al seminario a mediados de la década de 1980, y años después seguíamos siendo amigos y ejerciendo el ministerio en equipo. La congregación confiaba en él tanto como yo, y él siempre hacía un excelente trabajo ministrando los elementos y compartiendo una palabra significativa a los congregantes.

Mientras que yo servía los elementos a nuestra congregación mensualmente (en períodos de un domingo al mes), muchas iglesias ofrecen la comunión semanalmente. Sea cual sea la frecuencia que elija la dirección de una iglesia, lo que quiero señalar es que tenía un sistema. Creo que Jesús está más atento al hecho de que hagamos de la Comunión un acto de nuestra adoración y de nuestras vidas, que al hecho de que distintas comunidades discrepen sobre la frecuencia, la forma o el formato particular en que se ofrece. Como he servido en esta coyuntura por casi dieciséis años (al momento de escribir esto) como superintendente denominacional para una de las más grandes confraternidades de iglesias del mundo, viajo y ministro en púlpitos dentro de diferentes ciudades semana a semana. A menudo, me he quedado desconcertado e incluso perplejo ante el número de pastores que encuentro que no ofrecen oportunidades consistentes o sistemáticas de comunión para sus miembros. Conozco iglesias que no han servido la Comunión en muchos años. Tal vez usted esté jadeando en este momento, pero hay varias razones para tragedias como esa. La clave es que, si ese es su caso o el de su iglesia, comience ahora a buscar la razón, y orar por la profundidad de este mandato de Cristo. Luego, encuentre el asombroso poder de la Comunión una vez más en sus servicios de

Estableciendo La Atmósfera Para El Día De Adoración II

adoración o en sus momentos privados visitando a los miembros que no pueden estar en el servicio debido a que están encerrados o en el hospital.

También es importante tener en cuenta que la Biblia enseña que hay razones por las que uno no debe recibir la Comunión. Comer el pan y beber el jugo (o el vino, como puede ser el caso en algunas iglesias) de ninguna manera hace que uno sea un cristiano o un genuino seguidor de Cristo. El concepto que se enseña en la iglesia de la salvación de las almas o de ir al cielo no se produce ni se garantiza por tales actos de recibir la Comunión. La salvación se recibe únicamente por el arrepentimiento de los pecados y por la gracia de Dios (Efesios 2:8) a través de la fe en nuestra aceptación personal de Jesucristo como Señor y Salvador. Pablo llegó a escribir a los Corintios (1 Cor 11:27-31) que la intencionalidad era la clave cuando se trataba de la Comunión. Enseñó que aquellos que son creyentes deben considerar intencionalmente lo que Jesús ha completado y por qué lo hizo.

Cuando yo personalmente dirigía el servicio de comunión, no era raro que incorporara un elemento estratégico al segmento para incluir la oportunidad de escudriñar el alma, como se aludió anteriormente. Después de distribuir los elementos y de compartir una palabra bíblica con todos los asistentes, me esforzaba por reconocer respetuosa pero justamente el "Examíname, oh, Dios..." (Sal 139:23-24, KJV); recordaría a todos, incluyéndome a mí mismo, que la amonestación del Señor en 1 Corintios 11:27 era para asegurarnos de no participar de los elementos indignamente. En nuestra estructura de adoración, todos en la audiencia (a menos que se les indique lo contrario en alguna ocasión) serían instruidos para sostener los elementos en sus manos hasta que todos fueran servidos. Entonces participábamos todos juntos. Mientras los individuos sostenían el pequeño trozo de pan de la comunión y la pequeña copa (usábamos zumo de uva, ya que nuestra hermandad AG mantiene una fuerte evidencia bíblica de abstinencia de alcohol; otro tema para otra ocasión), yo ofrecía una oración pastoral, algo así:

> Me gustaría que todos nos tomáramos un momento para escudriñar nuestros corazones antes de participar juntos, como nos ha pedido Jesucristo. Si estás aquí hoy, sosteniendo los elementos en tus manos, pero en tu corazón sabes que no has aceptado personalmente a Cristo como tu Señor y Salvador, quiero que sepas que estamos contentos de que estés aquí, y que está bien ser honesto contigo mismo y con Dios. Si estás aquí sabiendo que no estás viviendo para Cristo en tu camino, entonces con la cabeza inclinada, los ojos cerrados y el corazón en oración, puedes en este momento sin culpa alguna simplemente dejar los elementos a tu lado en honor a la santa palabra de Dios.

Casi siempre había individuos que hacían precisamente eso. He encontrado a través de los años, la gente-ya sea sirviendo a Cristo o no-si están sentados en la iglesia especialmente, son más genuinos en no querer ofender, o de cualquier manera ser irreverente. Ahora bien, hay algunos, ciertamente, a los que les importaría menos, pero la mayoría de las veces dar a la gente la oportunidad de mostrar ese respeto a la Palabra de Dios, cuando has compartido la palabra con ellos y la han escuchado por sí mismos, construye un puente de confianza hacia ellos, aunque estén admitiendo que no son cristianos creyentes o seguidores de Cristo.

Luego continuaba con una oración de comunión y reflexiones en silencio. Después, justo antes de invitar a todos a participar juntos, ofrecía esta promesa.

> Amigos, antes de orar, si por casualidad han dejado sus elementos de comunión hace unos instantes, pero en este mismo momento sienten en su corazón que quieren participar en el recuerdo de la muerte, la sepultura y la resurrección de Jesús; reconoces a Jesús como el Salvador del mundo que vino a vivir y a morir para que su sangre cubriera

tus pecados, como yo recibí una vez por los míos... entonces incluso ahora... les invito a que vuelvan a tomar los elementos y hoy... por primera vez en su vida... o cuando vuelvan a dedicar su vida a Cristo... participen de la Comunión hoy con nosotros, sabiendo que ahora están recibiendo en pleno recono-cimiento y confianza a Jesús como su Señor y Salvador. Esperaré un momento para permitirte tomar esa decisión personal ahora mismo.

Esperaba durante ese momento prometido, con música que sonaba suavemente de fondo, o con un canto especial de Comunión que se dirigía en el culto justo antes de que participáramos juntos. Una y otra vez, las personas se acercaban a mí después de los servicios para decirme que habían orado esa oración ese día, y que habían dejado sus elementos de la Comunión, pero los habían recogido de nuevo, tal como yo les había ofrecido, esta vez para participar por primera vez en sus vidas como verdaderos creyentes.

Servir la Comunión a los seguidores de Cristo ofrece un recuerdo del poder vivificante de Cristo. A menudo, las personas parecen vivas por fuera, pero están muriendo por dentro. El autoexamen de la Comunión hace que uno anticipe la esperanza ofrecida. Lo más hermoso es que la presencia renovadora de Dios declara la unidad de los que creen.

Los pastores de la Iglesia de Dios tienen la responsabilidad de cumplir los mandatos de Cristo. Si los pastores no ofrecen la comunión a los miembros o invitados de su iglesia, ¿cómo pueden encontrarse fieles para cumplir el mandato de Cristo de participar en la comunión? Empecemos por ahí. Si usted está sirviendo como pastor, es importante seguir los mandatos de Cristo. Creo que esto comienza con el pastor. El pastor de Dios del rebaño local es el que abre las puertas, cierra las puertas y proporciona los momentos que cambian la vida de las personas. Si los miembros de la congregación no reciben o no participan en esta amonestación bíblica, es muy posible que la culpa sea del pastor, no de ellos. El

Servir la Eucaristía, la Cena del Señor, la Comunión

acto de adoración dentro de la Comunión es fundamental para la iglesia como cuerpo y para los individuos como discípulos fieles y adoradores. Comience ahora a programar momentos de servicio de comunión para su iglesia, si no semanalmente, sí de forma sistemática. Se sorprenderá de lo íntimo y significativo que será ese servicio para los devotos seguidores de Cristo. Incluso he tenido invitados que asisten a la iglesia que entregan sus vidas a Cristo durante el servicio de comunión. No subestime ese momento. Es un poderoso mandato de Cristo para que lo hagamos en memoria de Él.

Para otros, puede haber simplemente desconcierto y desconexión en cuanto a todo el concepto. ¿Le resulta confusa la idea de comer una pequeña hostia, un trozo de pan o una galleta, y recibir un pequeño sorbo de jugo de uva (a menudo) o de vino (en algunas iglesias) en un servicio religioso? Si es así, puede estar tranquilo. Miles de personas también están confundidas en cuanto a lo que significa todo esto y dónde se originó el concepto. ¿En serio? Sí. Nosotros, como invitados a las iglesias, necesitamos más explicaciones, y los pastores tienen que reconocer que no todo el mundo entiende lo que ellos o sus asiduos pueden considerar como algo estándar. Es decir, entendemos que "se trata de recordar a Jesús", pero ¿no se trata todo en una iglesia de "recordar a Jesús"? ¿Qué pasa con el pan y el jugo?

El pan sirve como emblema del cuerpo de Jesucristo. El vino o jugo sirve como símbolo del derramamiento de sangre de Cristo en la Cruz por los pecados de toda la humanidad. 1 Corintios 11:23-26 es el pasaje donde Jesús enseñó a los devotos a recibir la Comunión. Su sacrificio en la Cruz es digno de ser recordado y es un acto espiritual de adoración.

Recuerde que varias iglesias, como la mía, y especialmente la mayoría de las congregaciones evangélicas conservadoras, interpretan las Escrituras para fomentar la abstinencia de cualquier tipo de alcohol. En un momento dado, mientras era pastor de una congregación conservadora, protestante y abstinente del alcohol, un congregante me preguntó: "Pastor, no todos venimos de los mismos orígenes denominacionales. ¿Por qué no empieza a colocar vino de verdad en los bordes exteriores del plato de la comunión y su jugo de uva en las ranuras centrales? Podría simplemente avisar a todas las personas, y entonces se les ofrecería aquello a lo que están acostumbradas". Me pregunté si habría querido un Merlot, un vino tinto, un vino kosher, o, puesto que estábamos en el corazón del país del bourbon de Kentucky, si estaría sugiriendo que añadiera el Woodford Reserve (el condado de Woodford, Kentucky, era donde se encontraba la iglesia) Double Oaked Bourbon (90,4 Proof). Para aquellos que entienden el concepto de set de comunión con las ranuras individuales de las copas de comunión, sonríen junto conmigo, sin duda. Sonreí y agradecí su gesto, pero sentí que sería mejor seguir con mi protocolo habitual. Claramente, sabía que tenía algunos desafíos con mi amigo para hacerle entender lo que creíamos en el panorama general.

Todo acto de adoración es para Jesús. Toda esperanza está en Jesús. La salvación no se encuentra en ningún otro, porque no hay bajo el cielo otro nombre dado a la humanidad por el que podamos ser salvados (Hechos 4:12, NVI). Recuerde siempre a Cristo y lo que Él ha provisto. Él es todo lo que necesitamos, y dijo que hiciéramos esto en memoria de Él. Pastores, ofrezcan al pueblo de Dios la comunión.

Toda esperanza está en Jesús.

Capítulo 5

Enseñanza del Diezmo: Santo para el Señor y la responsabilidad de las finanzas

El asunto del diezmo es de importancia crítica en la iglesia de hoy. Además, no se respeta lo suficiente el contexto de la responsabilidad en las finanzas. En las próximas páginas abordaremos estos temas tan importantes para la Iglesia de hoy y sus líderes. Comencemos con la rendición de cuentas.

Rendición de cuentas

La rendición de cuentas en las finanzas ha sido un imperativo durante siglos. Desafortunadamente, más de una vez a través de los años he estado al tanto de iglesias que han tenido que lidiar con tesoreros sin escrúpulos, desvalijando las cuentas hasta multiplicar miles de dólares antes de que alguien se dé cuenta. Nunca termina bien.

Considere estos pasajes del Nuevo Testamento: "Si, pues, no habéis sido fieles en las riquezas injustas, ¿quién os confiará las verdaderas?" (Lucas 16:11 ESV). "Además, se requiere en los administradores que el hombre sea encontrado fiel" (1 Cor 4:2, KJV). O también, del Antiguo Testamento, "Abram dijo al rey de Sodoma: He alzado mi mano al Señor, Dios Altísimo, poseedor del cielo y de la tierra, para no tomar ni un hilo ni una correa de sandalia ni nada de lo que es tuyo, para que no digas..." (Génesis 14:22-23 ESV). Un guardián digno de confianza considera estos fundamentos básicos para la responsabilidad financiera. Tal persona gastará con prudencia, evitará las deudas, obtendrá consejo, dará generosamente, invertirá meticulosamente y se dedicará a entrenar a toda la iglesia, desde los niños hasta los adultos mayores, para que hagan lo mismo.

La deuda es esclavitud. Como dice Proverbios, "El prestatario es siervo del prestamista" (22:7, NVI). Ahorrar cuando se pueda y ahorrar todo lo que se pueda es sabio para cualquier individuo o corporación. La Biblia Viviente lo expresa de esta manera: "El sabio ahorra para el futuro, pero el necio gasta todo lo que consigue" (Prov 21:20, TLB). "La constancia trae prosperidad; la especulación precipitada trae pobreza" (21:5, TLB).

Este capítulo no está diseñado para abarcar todos los temas de la estructura financiera o fiscal, sino más bien para alentar a los líderes de la iglesia en la debida diligencia y examinar cuidadosamente cómo procesan sus finanzas. En primer lugar, es prudente tener dos contadores para todas las ofrendas recibidas en la iglesia o en los servicios, tener hojas de recuento claras y detalladas firmadas por todos los contadores, tener dos firmantes en los cheques cuando sea posible, y asegurarse de tener protecciones y cortafuegos en todos los ámbitos. Todo lo que se hace es por la seguridad de las personas que desempeñan estas funciones y por la integridad de la iglesia u organización dentro del ámbito público al que sirve. No hay tal cosa como demasiada rendición de cuentas.

No hay tal cosa como demasiada rendición de cuentas.

Diezmar

Veamos algunos temas sobre el diezmo, el dinero y el dar. Jesús enseñó más sobre finanzas que cualquier otro tema en la Biblia, así que claramente era un tema importante para Él y uno que Él

Enseñanza del Diezmo:
Santo para el Señor y la responsabilidad de las finanzas

sentía que era crítico para enseñar y discipular a aquellos que lo seguirían. Aquí es donde determiné, al estudiar la Palabra de Dios, que dar era un principio bíblico. Dejaré que usted tome su propia decisión, por supuesto, y nunca forzaría mi fe o creencias en otra persona. No obstante, no me importa admitir que no tengo ningún problema en compartir con usted mi fe y animarle a que busque la verdad de Dios por sí mismo. La Biblia dice: "Pedid, y se os dará; buscad, y encontraréis; llamad, y se os abrirá..." (Mateo 7:7, KJV). Así que, pide, busca y llama. Estoy convencido de que Jesús escuchará tu corazón y responderá al alma genuina y que busca la verdad.

¿Qué pasa con el diezmo? Si uno habla de finanzas y responsabilidad financiera espiritual, también debe abordar el concepto bíblico del diezmo. En primer lugar, le animo a ser un diezmador. Segundo, exhorto a los pastores a ser fieles en su diezmo. Tercero, recomiendo a los pastores a estar al tanto de quién diezma y quién da a la iglesia. Y, sí, hay una diferencia entre dar ofrendas en general y el diezmo bíblico real.

De vez en cuando escucho diversas discusiones sobre si un pastor debe o no estar al tanto de los que diezman en su iglesia. Algunos dicen: "No, no quiero distraerme con esas cosas". Otros dicen: "No quiero saberlo porque no quiero tratar a nadie de forma diferente". Otros han reflexionado: "Debería quedarme con las cosas espirituales y dejar las cosas fiscales a otro". Y, he escuchado a otros decir: "El dinero y el diezmo es algo personal y no es de mi incumbencia lo que la gente sienta que debe o no debe hacer".

Bueno, eso está bien. Podemos estar de acuerdo en no estar de acuerdo. Yo soy más bien un miembro del campo que diría: "Los pastores son pastores, y deben conocer a las ovejas de sus pastos. Como tal, eso significa hacer crecer a los discípulos de Jesús (nuestro objetivo final) en todos los aspectos de la vida." En serio, si alguien no me hubiera enseñado, a partir de las

Escrituras, que el diezmo es un principio bíblico que promete las bendiciones de Dios cuando se da con alegría, y me lo hubiera mostrado en la Palabra de Dios, probablemente no sería un diezmador hoy. Toda mi vida a través de los años en que crié a mi familia hasta la fecha; mis hijos por derecho propio y sus vidas ahora adultas; y mi esposa en su trayectoria profesional individual, también, han sido bendecidos más allá de toda medida. No quiero pensar en lo que podría haberme perdido en el ámbito espiritual si Renee y yo no nos hubiéramos comprometido a diezmar cuando nos casamos por primera vez. Sí, no fue fácil diezmar, especialmente cuando había poco en la chequera (esa es la forma antigua en que la gente solía tratar con la economía: una chequera), pero el camino de la fe es increíble cuando ves a Jesús hacer sus obras maravillosas en tu vida. La fe y la fidelidad a los principios bíblicos de Dios del diezmo trae un entendimiento tangible para "probar y ver que el Señor es bueno" (Sal 34:8, KJV).

En una ocasión, el pastor Ryan Franks compartió conmigo lo que sentía que la universidad no le había preparado. Dijo: "Pastor, puedo dis-eccionar la Biblia, interpretarla, ofrecer homilética y hermenéutica, puedo cantar, tocar la guitarra y la batería. Soy bastante atractivo sobre el papel. Pero sentí que no sabía bien cómo liberarme de las deudas con mis finanzas, dirigir un pequeño negocio, usar Word, hojas de cálculo de Excel, hacer mis impuestos o establecer un presupuesto para la iglesia. Tuve que aprender todo eso por mi cuenta. Si los líderes financieros no me hubieran enseñado las cuerdas, ¡me habría ahogado porque no entendía de negocios ni de dinero!" Hay que hacer un presupuesto; ¡saber cuánto entra y cuánto sale! No hay pastores principales que valga la pena mencionar que no sean también grandes líderes de negocios.

Aprenda a hablar de su negocio, a abordar los presupuestos,

La Biblia habla de que el diezmo es un décimo, y es santo.

Enseñanza del Diezmo:
Santo para el Señor y la responsabilidad de las finanzas

a atenerse a ellos y hacer planes para el futuro. Demasiadas iglesias no tienen presupuestos anuales. Eso es una locura. A fin de cuentas, no tener un presupuesto anual es actuar de manera poco fiable, irresponsable y, posiblemente, incluso antibíblica en todo el sentido de la palabra.

La Biblia habla de que el diezmo es un décimo, y es santo. "Y en cuanto al diezmo de los rebaños, o de las ovejas, de todo lo que pase bajo la vara, el décimo será santo para el Señor" (Lev 27:32, KJV). "Honra al Señor con tus riquezas y con las primicias de todos tus productos; entonces tus graneros se llenarán de abundancia..." (Prov 3:9-10, RVR). De esto, aprendí que un verdadero diezmo bíblico era del bruto, no del neto. Malaquías 3:8-12 habla de una serie de verdades sobre el diezmo: desde defraudar o robar a Dios de lo que era santo y debía ser suyo, hasta el tema de dónde debe darse o enviarse el diezmo, y el hecho de que Dios derramará bendiciones sobre los que sigan fielmente su palabra:

> ⁸ ¿Acaso un hombre robará a Dios? Sin embargo, vosotros me robáis a mí. Pero ustedes dicen: "¿Cómo te hemos robado? En vuestros diezmos y contribuciones. ⁹Estáis malditos con una maldición, porque me estáis robando, toda la nación de vosotros. ¹⁰Traed el diezmo completo al almacén, para que haya alimento en mi casa. Y así me pondrán a prueba, dice el Señor de los ejércitos, si no les abro las ventanas del cielo y derramo para ustedes una bendición hasta que no haya más necesidad. ¹¹Reprenderé al devorador por ti, para que no destruya los frutos de tu tierra, y tu vid en el campo no dejará de dar, dice el Señor de los ejércitos. ¹²Entonces todas las naciones te llamarán dichosa, porque serás una tierra de delicias, dice el Señor de los ejércitos (Mal 3:8-12, ESV).

Así que, si cada hombre y mujer debe traer su diezmo al alfolí, ¿qué es un alfolí? El alfolí es la iglesia local o la cubierta espiritual donde usted es alimentado y ministrado la verdad espiritual. Si hay una necesidad en tu casa, ¿a quién llamas? El pastor local que ama y ora por usted y su familia es al que la mayoría de la gente llamaría, siempre y cuando tengan un pastor de fe y confianza, integridad y virtud.

Más allá de estos aspectos básicos, la Biblia continúa explicando que las bendiciones vienen de Dios. "Toda buena dádiva y todo don perfecto viene de lo alto, del Padre de las luces, en quien no hay variación ni sombra debida al cambio" (Santiago 1:17 ESV). Esas bendiciones de Dios deben ser reconocidas a Él en nuestra adoración y con gratitud. De todos modos, Él lo ve todo en nuestras vidas. Por lo tanto, animo a la gente a dar fielmente y a dar gracias a Dios por la fe para hacerlo. Hebreos 4:13 dice: "Y ninguna criatura está oculta a su vista, sino que todas están desnudas y expuestas a los ojos de aquel a quien debemos rendir cuentas". La Biblia nos enseña que, de todos modos, todo es de Dios. Le devolvemos lo que ya es suyo: "Pero ¿quién soy yo, y qué es mi pueblo, para que podamos ofrecer así voluntariamente? Porque todo viene de ti, y de lo tuyo te lo hemos dado". (1 Crón 29:14 ESV). El mismo pasaje enseña que Dios bendijo a Israel porque dio voluntariamente.

Las devoluciones de Dios son múltiples.

En el Nuevo Testamento, Pablo escribió a los corintios sobre el principio de sembrar y cosechar, y la gente daba con alegría. A lo largo de los años he aprendido que cosechamos más de lo que sembramos. Las devoluciones de Dios son múltiples.

> ⁶La cuestión es la siguiente: el que siembra escasamente, también cosechará escasamente, y el que siembra abundantemente, también cosechará abundantemente. ⁷Cada uno debe dar lo que ha decidido en su corazón, no de mala gana ni por obligación, porque Dios ama al que da con alegría. ⁸Y Dios puede hacer que toda la gracia os sobreabunde, para que, teniendo siempre todo lo necesario, abundéis en toda obra buena" (2 Cor 9:6-8, ESV).

Enseñanza del Diezmo:
Santo para el Señor y la responsabilidad de las finanzas

Si los líderes no diezman, entonces ¿cómo pueden esperar enseñar a otros de buena fe, con integridad, que el diezmo es un principio bíblico y una norma esperada para los miembros de la iglesia de Dios? Si un pastor o un miembro de la junta directiva de la iglesia no diezma, ¿cómo puede recibir diezmos y ofrendas de los congregantes con buena conciencia? No lo sé, pero desafortunadamente se hace semana tras semana, en una ciudad tras otra, sin que nadie lo piense dos veces. Eso está mal en muchos niveles.

En una ocasión se despidió a un responsable de finanzas de la iglesia por no diezmar. El líder era respetado, profesional en su carrera de finanzas, tenía un título de posgrado de un prestigioso seminario estadounidense y era un amigo de confianza del pastor. Se determinó que faltaba la fidelidad al diezmo cuando se trataba de este líder clave de la iglesia. (El diezmo era una norma de la iglesia, un principio bíblico y un requisito para ser miembro de la iglesia local). Hasta el día de hoy, el pastor recuerda bien el restaurante en el que se sentó a almorzar en privado con el líder (también miembro de la junta directiva de la iglesia) y se le informó cortésmente (aunque la conversación se tornó rápidamente incómoda) que "en la oración, el Señor había dicho que estaba bien usar el dinero del diezmo de su familia para ayudar a la esposa del señor (que había estado luchando con cosas emocionales) a comprar ropa nueva y cosas materiales para animarla, amarla y bendecirla". Después de todo, Dios ama y se preocupa por las cosas más pequeñas en nuestras vidas. Seguramente, el pastor debía/debería entenderlo, ya que él también amaba a su esposa con todo su corazón. El pastor tomó un bocado de comida, y el resto quedó en el plato, ya que rápidamente en la reunión había perdido el apetito.

Sí, el líder fue informado inmediatamente de que estaba relevado de sus funciones y de que el pastor ya no necesitaba sus servicios. ¿Qué haría el pastor para cubrir el servicio de este hombre? No lo sabía, pero sabía que su integridad estaba ahora en juego. Sabía que lo habían llevado a un límite que no quería ni podía cruzar. Sabía que se estaba produciendo una lucha de poder, y no era entre él y un asesor financiero. Era espiritual. Estaba convencido de que no podía dejar que el diablo ganara esa batalla. Siempre se había comprometido consigo mismo y con el Señor a liderar con valentía si se le ponía en una posición en la que tuviera que reaccionar, así que lo hizo. La iglesia sobrevivió. Dios fue honrado, y la iglesia pronto prosperó. El pastor, los líderes y los miembros (a los que nunca se les contó la historia, por supuesto, por integridad), que por su cuenta empezaron a sumar dos y dos, se dieron cuenta de que tenían un joven pastor que aparentemente se mantendría firme en lo que creía que eran principios espirituales y bíblicos.

Cuando era pastor de una iglesia, tenía un proceso para mirar los informes de diezmos de nuestros miembros y líderes. Ahora bien, esto puede o no ser lo que usted elija hacer, o la forma en que usted opte por abordar este tema, a veces difícil, pero a mí me funcionó. Si esto es algo que funciona para usted, entonces úselo. Si no, sigue adelante. Simplemente quiero que seas tan eficiente y efectivo para el Señor como puedas ser, y las finanzas son críticas para el trabajo del Señor y los corazones de su gente. Así es como funcionó para mí. Como pastor, no daba detalles regularmente para conocer las contribuciones financieras de cualquier individuo o familia en nuestra iglesia. Sin embargo, dicho esto, el tema del diezmo era un elemento importante y espiritual de nuestra iglesia. Se incluía en las discusiones, en la planificación de los sermones y en las expectativas para los miembros actuales de la iglesia, cierta y especialmente para el liderazgo. Algo que se incluía en casi todos los servicios públicos, la recepción de los diezmos y las ofrendas era visto como un acto de adoración. Así que, claramente era una parte importante de nuestra iglesia (como lo es la mayoría).

Enseñanza del Diezmo:
Santo para el Señor y la responsabilidad de las finanzas

Hay muchas maneras, más allá de las finanzas, en que el pueblo de Dios sirve y da al Señor y a su Iglesia. Pero, usualmente dos veces al año, yo predicaba un mensaje específicamente sobre el dinero, el diezmo y el dar las finanzas al Señor y a Su obra. Así que, estaba en nuestra cultura y permanece en mi ADN teológico como un principio basado en las escrituras que genuinamente creo que cada creyente en Jesucristo debe seguir.

Más o menos una vez al año, me dirigía a la contable de nuestra iglesia y le decía por adelantado que "el mes que viene te pediré una copia impresa del estado de las ofrendas para el personal de nuestra iglesia, los miembros de la junta directiva y otros líderes, en cuanto a sus diezmos y ofrendas". Estas cosas se guardaban semana a semana, por supuesto, ya que al final del año enviábamos las declaraciones de ofrendas anuales a todos los donantes. Entonces, en la reunión mensual del personal y de la junta directiva, informaba a nuestros líderes: "El mes que viene, revisaré una copia impresa de mi propia declaración y de la de cada uno de nuestros donantes a la iglesia y a los ministerios, ya que somos los líderes de la iglesia, y es de vital importancia que tengamos plena integridad como líderes para ser fieles a lo que pedimos a nuestros congregantes cuando se trata de dar". Yo les diría a nuestros líderes: "Si por casualidad los diezmos o las ofrendas no están al día, o hay algo que por alguna razón te sería difícil explicar, entonces ten por seguro que (1) esta información confidencial es sólo para mis ojos y los tuyos, (2) esto es sólo un seguimiento de rendición de cuentas una vez al año porque "a quien mucho se le da, mucho se le exige", y (3) nos estoy dando a todos un mes para asegurarnos de que las cosas están en orden, porque de ninguna manera querría avergonzar a nadie o ponerte en una situación comprometida por descubrir algo que no tuviera sentido para un líder." Darles ese mes les ofrecía un tiempo para que fueran conscientes de antemano y se ocuparan de lo que quisieran, sin que yo hubiera visto ningún informe. Luego, les explicaría (4) que, si alguno de ellos quería hablar conmigo en privado de aquí a entonces, podía ponerse en contacto conmigo. Entonces tendríamos una conversación amistosa y de confianza si había algo que necesitaran explicar o si había alguna forma de ofrecerles mi apoyo en un momento difícil. Al fin y al cabo, nuestros líderes eran personas increíbles, colegas y amigos de confianza, y como su pastor los amaba y cuidaba auténticamente, tanto si algo iba mal como si no. Este enfoque me parecía fiable y honorable, y a ellos también.

En cuanto a los miembros de la iglesia y los congregantes y asistentes semanales, no comprobaba el diezmo de esas familias de forma sistemática o regular. Sin embargo, de vez en cuando - cada año más o menos- revisaba una lista similar del contable. ¿Por qué? Porque creo que un pastor debe saber cómo le va a su gente espiritualmente, y creo que diezmar y dar es un asunto espiritual. Creo que, si estoy llamado a discipular a la gente, entonces significa en cada aspecto de los principios bíblicos. Ciertamente no llamaría a las familias individuales ni cuestionaría sus donaciones financieras, pero el conocimiento ocasional me ayudaría principalmente a discernir mi propia eficacia pastoral en este ámbito.

Nunca he creído que los líderes de Dios deban "endulzar" las cosas de las que habló Jesús, que enseña la Biblia o que necesitamos para ser fieles, responsables, honorables y adoradores de Cristo. Sólo dame la verdad. Por eso lo hice. Por la verdad. Por si sirve de algo, como se ha dicho, no llamé a los miembros sobre lo que podría haber visto o notado en una revisión anual, bianual o aleatoria de los informes de diezmos. Sólo lo abordé con los líderes de la iglesia. Como pastor, permití que el Señor me hablara sobre cómo debía dirigir y pastorear a su pueblo, sobre lo que debía enseñar y sobre cómo debía discipular. Quería saber cuál era la condición espiritual de nuestro pueblo. Es

Estoy llamado a discipular a la gente.

Enseñanza del Diezmo:
Santo para el Señor y la responsabilidad de las finanzas

el pueblo de Dios. Es la Iglesia de Dios. Mi ministerio no es mío, sino de Dios, y Él me lo ha confiado. Todo se trata de Jesús, amigos. Todo se trata de Él.

Capítulo 6

Estar en Su Presencia

Tomemos un momento para discutir la dinámica de simplemente "estar en Su presencia" en un momento de tranquila soledad y reverencia. Esperar en el Señor es algo que con demasiada frecuencia resulta extraño en la Iglesia de hoy. Hay ciertas culturas que lo hacen mejor que otras, pero debería ser algo de lo que todas las iglesias y líderes son muy conscientes y conocen para su propio "Día de Adoración".

Hubo momentos durante el pastorado en que nuestras mañanas de domingo se encontraron sorprendentemente con lo inesperado (en el buen sentido). Aunque los líderes de la Iglesia nunca deberían ser sorprendidos por la presencia manifiesta de Dios, admitámoslo, todos nos asombramos con su poder y presencia cuando es tan tangible que sientes que puedes tocarlo. Hay muchos que están leyendo esto que no tienen idea de a qué está aludiendo este autor, pero hay otros que saben exactamente lo que estoy diciendo. Para aquellos que nunca han experimentado la presencia tangible y manifiesta de Dios, es más que sorprendente. Derriba muros, libra a las personas de ataduras, las exime de la culpa y la vergüenza, las llena de una alegría indescriptible, y mucho más. ¿Qué significa todo eso y cómo se consigue? Aunque no puedo poner una tabla de 1-2-3 para responder a esa pregunta, puedo decirte que hay cosas que un pastor debe hacer y puede hacer para

Para aquellos que nunca han experimentado la presencia tangible y manifiesta de Dios, es más que sorprendente.

Estableciendo La Atmósfera Para El Día De Adoración II

dar la bienvenida a la presencia de Dios.

"¿Acaso no traemos la presencia del Señor con nosotros cuando venimos a la iglesia?", podría preguntarse. Sí, eso es cierto, hasta cierto punto, para los creyentes. Ciertamente tienen la presencia viva de Dios en su interior, pero creo que también hay una razón bíblica para esperar una presencia corporativa de Dios dentro de la adoración del pueblo de Dios. Es en esos momentos que nosotros, como líderes, podemos seguir adelante con nuestras agendas y horarios, formatos y planes, o podemos frenar lo suficiente para esperar a propósito la presencia del Señor.

Uno de los elementos clave de la misión y la visión de nuestra iglesia era desarrollar la alabanza y la adoración ungidas. A través de los años, tuve la bendición de tener adoradores y músicos dotados, y ungidos, liderando y nuevos miembros, de vez en cuando, uniéndose a nuestro equipo. El ministerio de música en nuestra iglesia era excelente. Tomó tiempo, esfuerzo, oración, construcción de relaciones y práctica, pero los amigos que se entregaron a esta área del ministerio fueron un grupo especial de líderes que humildemente trabajaron por los mejores intereses de la iglesia. Nos ofrecieron a cada uno de nosotros, como adoradores, la oportunidad de encontrarnos con Dios a nivel personal.

En ese tipo de ambiente había momentos durante la alabanza y la adoración previa al servicio en los que podía sentir que la gente en la audiencia anhelaba más. Hubo momentos en los que vi lágrimas fluyendo por los rostros de las personas mien-tras oraban o cantaban, o mientras perm-anecían en silencio en su propio momento de adoración. Otras veces la gente se acercaba al altar y se arrodillaba en oración durante la música, a veces incluso antes de que se ofreciera el mensaje. La bendición consistía en acercarse al corazón de Dios. Esto puede resultar incómodo para los que son

Esperaba a propósito, sin decir nada.

nuevos en su presencia, pero, al igual que dar a luz es incómodo, aún así, la alegría de la vida es abrumadora. Cuando estos momentos intensos ocurrían, no era raro que caminara hacia el podio y me detuviera. Simplemente me quedaba en su presencia. Esperaba a propósito, sin decir nada. Puedo recordar hasta el día de hoy haber orado en silencio, a veces con lágrimas en los ojos, "Señor, por favor haz tu trabajo en las vidas de nuestra gente hoy, y no dejes que lo eche a perder". Deseaba desesperadamente Su presencia y quería que las vidas y los corazones de la gente encontraran la sanidad de las preocupaciones de la vida y de los sinsabores de la semana pasada. Dios fue fiel, y su presencia manifiesta nunca dejó de sorprenderme cuando la acogí y esperé por Él, y sólo por Él. Animo a los pastores a ser sensibles a esos momentos y, si nunca lo han hecho antes, pruébenlo. Caminen hacia el podio mientras la música persiste y simplemente permanezcan en la presencia de Dios. No es necesario decir una palabra. Si se le da la oportunidad, la presencia de Dios comunicará claramente lo que necesita ser escuchado en los corazones de cada persona presente.

Capítulo 7

Establecer lo que se debe y lo que no se debe hacer en las redes sociales

En el libro original de esta serie, Estableciendo la Atmósfera para el Día de Adoración, toqué brevemente las redes sociales, pero hay mucho más que decir sobre el tema de lo que incluso este capítulo añadido puede abordar. Me han dicho más de una vez que publico más de lo que debería. Y, ¿hemos cometido todos algunos errores en el ámbito de las redes sociales? Por supuesto que sí. Abordemos algunos puntos que los líderes deberían recordar siempre, ya que es una parte de nuestro mundo que no va a desaparecer.

Usted puede tener un millón de cosas buenas que ofrecer a las generaciones de hoy en día, tanto jóvenes como mayores, pero si sus medios sociales transmiten impresiones erróneas o retratan a una persona que no quiere estar cerca de la gente, entonces usted ha emitido un tipo de vibración "ugh", y no querrán saber de usted en ninguno de los otros temas que usted cree que quieren y necesitan. Si usted tiende a sentirse frustrado constantemente sobre un tema o grupo de audiencia en particular y eso se refleja en su negatividad en las redes sociales, la mayoría de las cosas que quiera comunicar que sean significativas y fortalecedoras serán totalmente pasadas por alto.

Los frenesíes indiscriminados no ayudan al testimonio de nadie.

¿Por qué? La respuesta es sencillamente que se le considera negativo y la mayoría no quiere seguir, leer o dar su energía a la negatividad.

Era un día de verano, a mitad de semana, con más de 90 grados en una soleada playa de Nueva Jersey, cuando pregunté a tres miembros de la "Generación Y" y de la Generación X (familiares y amigos) su opinión sobre algunos de estos temas. Estas son algunas de las cosas que aprendí de sus sinceras respuestas:

- Los frenesíes indiscriminados no ayudan al testimonio de nadie. Tenga cuidado con lo que publica y cuándo lo hace.
- No sea superspiritual y no sea raro. El hecho de que algo que usted haya visto en YouTube sea alentador para usted no significa que ofrezca el mismo significado para los demás.
- Evite enviar mensajes a personas que no conoce realmente. Hay una etiqueta en este proceso. Tome algunas precauciones.
- Evite la mensajería masiva en general, pero especialmente no publique al azar 50-100 etiquetas de algo que está vendiendo o algo que cree que es "el mayor regalo para el mundo" o lo que sea. Eso no está bien.
- No actúe como si fuera un texto cuando esté en su medio social favorito; recuerde que no es privado.
- No utilice las redes sociales como plataforma para criticar o llamar la atención a la gente. Eso debe hacerse en persona, en privado, o no hacerlo.
- Como pastor, mantenga sus medios de comunicación personales. No es la cartelera de la iglesia.
- Promueva los eventos de la iglesia, pero de nuevo, la iglesia debe ser una cuenta separada.
- Si usted hace una mensajería de medios sociales de cualquier persona del sexo opuesto, que sea un texto o

Establecer lo que se debe y lo que no se debe hacer en las redes sociales

mensaje de grupo, a fin de proporcionar la rendición de cuentas.
- Varias aplicaciones de rendición de cuentas, como Covenant Eyes, pueden proporcionar ayuda.
- Si un individuo en el grupo de jóvenes envía un mensaje a un pastor de jóvenes, el pastor de jóvenes debe hacer un nuevo hilo para hacerlo público, incluyendo cualquier cónyuge, u otros en el grupo.
- Revise la ortografía de las cosas que publique.
- No haga comentarios personales a personas/individuos cuando comente los mensajes de otra persona.
- No publique su discurso político airado en las páginas de Facebook de los demás.
- Sea siempre alentador.
- Los cumplidos físicos son un "no-no". "Se les ve muy contentos" funciona igual de bien.
- Si está viendo o buscando fotos de meses o años atrás de varios amigos de Facebook, no comente las fotos. Es incómodo y extraño. ¿Es usted un acosador? Pueden pensar eso de usted.
- Si ve una foto que alguien ha publicado, no force un momento espiritual, con un "estoy orando por ti... o lo que sea". Pero, si desea decirle a alguien que está orando por él, entonces envíele un mensaje personal. Es mucho más apropiado.

Sin duda, se pueden alcanzar altos niveles de éxito con el uso correcto de los medios sociales. Su presencia efectiva en los medios sociales puede aportarle una gran productividad y rendimiento para sus negocios, comunidad o plataformas profesionales. Facebook es una gran herramienta, especialmente para mi generación, para mantenerse al día con las familias y amigos y estar conectados con el mundo de los demás, pero la triste realidad es que uno nunca sabe

No es necesario comentar.

realmente si es su mundo "real" o no, y mucho menos las preocupaciones de determinar si es una cuenta duplicada de un impostor o el amigo real con el que crees que te estás comunicando. La preocupación por la suplantación de identidad y los piratas informáticos ha hecho que varios líderes se abstengan de "aceptar" o "invitar" cuando utilizan plataformas de esta naturaleza. Además, está el reto de ser lo suficientemente disciplinado como para evitar comentar todas las publicaciones que veas. Es una lección que todos debemos aprender. No es necesario comentar. No hay necesidad de dar a conocer tu voz en cada tema, especialmente si ese tema te pone nervioso.

Un joven líder extraordinario me dijo, en relación con lo que siente por Facebook, que con demasiada frecuencia la gente publica cosas que son difíciles de recibir. Hace que los usuarios piensen para sí mismos cuando leen esos artículos publicados por otros: "Te conozco, y realmente quiero pensar bien de ti, pero publicas cosas tan mezquinas y despectivas sobre otras personas que no me gustan, y hace que me cueste gustarte". ¿Cuántos predicadores, pastores, miembros de la iglesia y supuestos "cristianos" de la comunidad entran en esa categoría? Probablemente, muchos encajan en esa descripción.

Por desgracia, a menudo hay demasiada libertad en las redes sociales. El mensaje que muchos pastores o líderes de la iglesia piensan que están enviando con sus publicaciones, que posiblemente podrían salirse con la suya en un entorno más personal o privado, simplemente no sería aceptable en otros ámbitos públicos. Ya saben a qué me refiero. Esos mensajes de Facebook que son desplantes, o que inadverti-damente llaman a alguien en la iglesia a través de un mensaje pasivo-agresivo, son totalmente inapropiados. Todos los

Su plataforma de medios sociales está siempre en exhibición y siempre envía un mensaje.

Establecer lo que se debe y lo que no se debe hacer en las redes sociales

líderes de la iglesia deberían tener el mismo nivel de responsabilidad. Las iglesias deben ser alentadoras, y deben promover a Dios, la familia, y los alcances y misiones de la propia iglesia. Su plataforma de medios sociales está siempre en exhibición y siempre envía un mensaje. ¡Asegúrese de que su mensaje es sobre las cosas que importan! Es fácil quedar atrapado en el centro de atención, especialmente si ciertas personas están alimentando tu ego, pero no debes permitir que eso manche tu testimonio público o tu discernimiento espiritual privado. Me desanima pensar que algunos pastores parecen trabajar más en ser populares en Internet que en ser espiritualmente efectivos. Recuerda tu vocación y tu propósito. En pocas palabras, tal vez los líderes de la iglesia, especialmente, deberían reconocer que su presencia en línea es también un testimonio, ya sea bueno o malo.

La gente se siente con mucho derecho en las redes sociales. Nosotros no tenemos ningún derecho. Ese debería ser un indicador clave de las redes sociales. Las redes sociales pueden crear a veces falsas realidades. La gente dedica mucho tiempo a hacer que sus vidas parezcan felices y perfectas, pero esas imágenes pueden ser una falsa representación de la vida. Es aceptable tener problemas o desafíos. La mentalidad de muñeca Barbie de la vida es falsa y poco saludable. Es un reto ser sincero y transparente en las redes sociales. Pero hágalo. Al hacerlo, reflexione sobre si realmente quiere publicar esa foto o escribir esa frase.

Tenga perfiles sociales completos. Sea coherente. Sea atractivo. Haga que su marca sea única. Interactúe regularmente con sus redes. Sea entretenido e informativo. Utilice el contenido correcto para el medio específico que esté utilizando en ese momento. Sea visualmente atractivo. Sea generoso y reconozca el mérito de los demás cuando corresponda. Sea positivo, potencie e inspire.

En este sentido, sea inspirador, no necesitado. Utilice el

equilibrio en su contenido y tenga cuidado de no compartir en exceso los mismos mensajes. Lo entendemos. Confíe en mí. Utilice una gramática adecuada y correcta. Como se ha mencionado anteriormente, escriba las cosas correctamente. Evite usar todas las mayúsculas, que se considera gritar en línea, y evite demasiados #hashtags. Sea un levantador, no un deprimente. Sea humilde y evite parecer un sabelotodo. Sea realista y evite sonar como si fuera la persona más espiritual del mundo, dando a entender que todos los demás son menos que usted. Si se siente deprimido por su iglesia, su comunidad, su denominación, su familia o lo que sea, recuerde que las redes sociales no son el lugar adecuado para airear esa ropa sucia o despotricar. Una publicación de este tipo no es tan espiritual como usted cree. Apaga a la gente, incluyéndome a mí.

Antes de tuitear, enviar un mensaje de texto, enviar un correo electrónico, dar vueltas, vibrar, WhatsApp, foursquare, Link, blog, flicker, vimeo, YouTube, Skype, Snapchat, telegram, reddit, taringa, myface, snapfish, meetme, meetup, vero o cualquier otra plataforma de medios sociales alternativos, considere lo básico antes de escribir y enviar. No todo lo que se lee en Internet es cierto. Compruebe dos veces la veracidad. ¿Le está sirviendo de ayuda a alguien al ofrecer sus opiniones? Puede que las palabras que ha pulsado sean las que tiene en la cabeza en ese momento, pero ¿inspiran? ¿Ha ofendido a alguien con lo que ha publicado? ¿Es siquiera necesario que diga lo que va a decir? Utilice el sentido común, la sabiduría que le ha dado Dios, y reflexione sobre lo que está diciendo y haciendo antes de pulsar el botón de enviar.

Capítulo 8

Celebrando la voz de su cónyuge: Tener a Renee en la plataforma

Si no está casado, lea este capítulo de todos modos. Uno nunca sabe si puede ser beneficioso en el futuro.

La increíble líder y profesional por derecho propio que es, Renee nunca fue una persona que se mostrara demasiado a menudo en nuestro ministerio. Cuando fuimos pastores de una iglesia local, ella dirigía y participaba en varios ministerios, como lo hacen casi todas las esposas de los pastores. Fue fiel a nuestro ministerio del autobús durante años, enseñó una clase de escuela dominical para niños, trabajó con las mujeres de la iglesia, encontró oportunidades para la hospitalidad, y más. Sin embargo, rara vez se presentaba ante la gente de pie en la plataforma. Ella me dejaba eso a mí. No cantaba en el equipo de alabanza, ni tocaba el teclado o el piano como músico de la iglesia (aunque tocaba el piano maravillosamente, y se aseguró de que nuestros dos hijos aprendieran a tocar también), ni ministraba muy a menudo desde detrás del púlpito.

Sin embargo, aprendí pronto -y creo que esta es una lección que los pastores de hoy en día deben descubrir cuanto antes- que en las raras ocasiones en las que Renee se ponía a mi lado en el púlpito, o estaba conmigo en público a la vista de la congregación, nuestra integridad y fiabilidad como equipo eran más profundas, claras y sólidas. Era y es mi mejor amiga. Su ministerio al lado del mío es y fue crucial a través de todo lo que navegaríamos. Después de todo, estamos casados y ella y yo somos un equipo.

Todos hemos oído decir en alguna parte, alguna vez, que, para los pastores, el cónyuge puede hacerlo o deshacerlo. En mi caso, mi querida esposa me hace ganar puntos cada vez que viene a mi lado. Si usted está casado, oro para que usted, como líder, encuentre esos momentos en los que el pueblo de Dios puede encontrar fuerza, esperanza y confianza en la pareja piadosa al frente de sus ministerios.

Si usted está casado, y su cónyuge está luchando, esto puede a veces, desafortunadamente, ser un obstáculo para el trabajo de pastorear la iglesia de Dios. Permítanme animarlos a amar a su cónyuge con todo su corazón, a encontrar consejeros de confianza que puedan caminar con ambos a través de los viajes de liderazgo, y a usar el discernimiento y la sabiduría en cuanto a cómo y cuándo posicionar a su cónyuge en un papel con el que él o ella puede o no estar cómodo, y uno con el que su gente también puede o no estar cómodo.

La voz de Renee fue importante durante esos años en que pastor-eamos una congregación. Mientras dirigíamos juntos el ministerio, aprendí desde el principio que ella tenía un agudo sentido de... hay que ser cauteloso... O, siento.... O, siento que debo advertirte que tengas cuidado alrededor de "tal y tal". Eso es lo que trata este capítulo, y más. Si está casado, su cónyuge es su "encuentro de ayuda", como la Biblia dice que Eva era adecuada para Adán. Tómelo en serio. Están juntos en esto por un propósito. Deje que el Señor desarrolle y use eso en ustedes dos a lo largo de los años para el mejoramiento de la iglesia.

Están juntos en esto por un propósito.

Ya sea que usted sea un abrazador o un líder distanciado más cauteloso y privado (no hay un bien o un mal), animo a los líderes de la iglesia de Dios a que simplemente (1) conozcan a su audiencia, (2) trabajen dentro del contexto y el marco del ministerio en el que están colo-cados, (3) sean fieles a su propia

Celebrando la voz de su cónyuge: Tener a Renee en la plataforma

personalidad y "chispa", (4) conozcan cuidadosa, respetuosa y honorablemente las reglas básicas de lo que es aceptable o no en cualquier contexto, y (5) confíen en el juicio de su cónyuge (si se les ha dado el don de un cónyuge) para que les ayude a conocer los primeros cuatro puntos anteriores.

Le digo estas cosas porque son importantes. Cuando Renee y yo éramos pastores de jóvenes, ella se me acercó una vez y me dijo: "Tienes que tener cuidado con _____". Yo estaba sirviendo simultáneamente como líder de adoración de la iglesia en ese momento y estaba ante la gente semanalmente. Le dije: "Renee, estás loca. Es lo suficientemente mayor como para ser mi madre". ¿Saben qué? Sólo unos años más tarde, esa mujer se divorció de su marido... y ... bueno, digamos que Renee tenía un gran sentido de la protección de su "despistado y confiado" joven marido.

Unos años más tarde, cuando yo era pastor asociado, Renee vino a verme una vez y me dijo: "Algo está mal. Algo no está bien en esa situación". Le dije: "Renee, estás loca. Eso es una tontería. Seguro que no". ¿Adivina qué? En el plazo de un año, dos familias a las que queríamos y en las que confiábamos se estaban divorciando, y las inclinaciones de Renee estaban resultando ciertas. Aunque no hice caso en estos dos casos, desde entonces he podido confiar una y otra vez en el equilibrio y el discernimiento espiritual de mi querida esposa cuando me recuerda que no debo abrazar al adolescente, que debo asegurarme de dar un abrazo lateral a las mujeres en la iglesia, que debo estrechar conscientemente la mano del marido primero, o que debo ser espiritual y agudamente consciente de lo que es correcto o no para el momento. Estas cosas son clave para los líderes espirituales de hoy. Se llama integridad. Hacer caso al consejo de Renee me aportó equilibrio, así como estabilidad y fuerza a toda nuestra familia de la iglesia.

Capítulo 9

Reconocer el valor de la afiliación

Tengo varios amigos que son independientes, no confesionales, católicos, metodistas, presbiterianos, luteranos, nazarenos, bautistas del sur, bautistas misioneros, bautistas de libre albedrío, anglicanos, episcopales, de las Asambleas de Dios, de la Iglesia de Dios, carismáticos, de denominaciones cristianas norteamericanas, y más. En pocas palabras, me encanta la Iglesia de Dios. Es notable en muchos niveles. No es perfecta. Lo estructuran las personas, pero es una creación sorprendente del pacto y el carácter de Dios en y entre su pueblo.

Hace años, escribí una base fundacional de por qué sentía que era significativo para mí formar parte de la afiliación eclesiástica a la que tengo el privilegio de servir. A lo largo de los años ese documento ha visto revisiones de diversa índole. He leído escritos similares de colegas y he tenido múltiples discusiones a lo largo de los años sobre mis pensamientos.

Permítanme, entonces, ofrecer desde mi lente los valores de la Fraternidad a la que sirvo. Si usted forma parte de otro cuerpo eclesiástico, tal vez quiera leer este capítulo a la luz del funcionamiento de su grupo. Posiblemente también querrá examinar los valores que encuentra en su(s) afiliación(es). Si usted es independiente o no confesional, sin duda también tiene fuertes convicciones sobre dónde está y por qué está allí. Eso es hermoso, siempre y cuando las convicciones de su grupo sean bíblicas y saludables. Después de todo, incluso ser independiente o no confesional es su propia clasificación. Es importante saber dónde estás, por qué estás ahí, y cómo te impacta a ti, a tu familia y a otros por su fe en Cristo en los años venideros. Todos nosotros, independien-temente de la afiliación, somos respons-ables unos de otros, de la iglesia, de nuestros cónyuges si estamos casados, y de nuestras familias. Sin embargo, hay un nombre, un hombre, un Salvador, un Redentor, un Libertador y un Sanador que es lo más importante y a quien debemos rendir cuentas: Jesús.

Es importante saber dónde estás, por qué estás ahí, y cómo te impacta a ti, a tu familia y a otros.

A lo largo de la historia de la Iglesia, las líneas denomi-nacionales se han distorsionado; ciertamente, el mundo evangélico en concreto ha visto tendencias hacia el abandono de las denominaciones por completo. He oído decir que abandonar las denominaciones da libertad a la iglesia local. ¿De verdad? En mi opinión, la responsabilidad del liderazgo y las protecciones ofre-cidas al pueblo de Dios proporcionan mucho más apoyo espiritual, doctrinal y emocional que las intervenciones intermitentes y ocasionalmente percibidas como jerárquicas de una oficina denominacional. Cuando vine a Cristo, me coloqué a propósito bajo la autoridad; la suya y la de aquellos a quienes Él pusiera por encima de mí. Acojo y deseo que las influencias divinas hablen en mi vida y guíen las intenciones de mi corazón. La Iglesia es mejor servida cuando los líderes de Dios reciben respetuosamente a los unos de los otros. ¿Alguna vez ha conocido a alguien que parece no tener respeto por la autoridad o el concepto de estar bajo autoridad? Seguramente lo ha hecho, al igual que yo, y no suele ser una imagen agradable.

Nunca olvidaré un servicio de la iglesia al que me vi obligado a asistir a las pocas semanas de convertirme en un líder denominacional estatal. Los líderes de la iglesia habían convencido a una congregación local de que simplemente debían votar para salir de la afiliación denominacional y tomar la propiedad y los ministerios para sí mismos de forma independiente. La iglesia había sido un ministerio de la confraternidad durante décadas, y los bienes y ministerios se habían construido y dirigido a lo largo de los años con miembros fieles del movimiento. El pastor que lideraba el cargo había heredado el ministerio, el edificio y los activos y ahora, de alguna manera, sentía que debía poder tomarlo para sí mismo, poseyéndolo para el nuevo ministerio que estaba forjando de forma independiente. Me gustaría decir que se trata de un incidente aislado, pero aunque son raros, en mis muchos años de liderazgo, este escenario ha pasado por mi mesa más de una vez. Sin embargo, en este caso concreto, un miembro de la familia del pastor se levantó y, con muchas palabras, proclamó con orgullo a la audiencia -en mi presencia, debo añadir- que, en su opinión, la iglesia estaba esclavizada y que por fin sería libre si ya no tenía que rendir cuentas a la organización. A Malcolm Burleigh, Director Ejecutivo de Misiones en EE. UU. de las Asambleas de Dios, se le oye decir a menudo: "No se puede tener autoridad si no se está bajo ella". No querían rendir cuentas.

¿Qué hace exactamente una iglesia cuando los líderes la estructuran de manera que hay poca o ninguna responsabilidad? Esa es una buena pregunta. ¿Cómo responden los miembros cuando todos o muchos de los miembros de la junta directiva son miembros de la familia o simplemente han sido designados como votantes afirmativos? Seguramente nadie malversaría o se apropiaría de los fondos de los diezmos y ofrendas. Después de todo, todos conocemos desde hace años a la única persona que cuenta el dinero, deposita el dinero, escribe todos los cheques, firma todos los cheques y hace todos los depósitos y pagos. A estas alturas, podría prever que se trata de una afirmación sarcástica de que nadie se apropia de los fondos. Sin embargo, desgraciadamente, he visto más de una vez que yo o algún colega hemos tenido que intervenir para ofrecer ayuda a las congregaciones después de que finalmente se haya notado la falta de miles de dólares, y que los pagos de la hipoteca de la iglesia hayan quedado impagados de alguna manera durante meses, sólo para descubrir que los pagos que todos pensaban que se estaban haciendo a la cuenta bancaria de la iglesia se estaban haciendo a favor de otra persona. Esta realidad plantea un dilema de múltiples elementos cuando finalmente se advierte tal comportamiento.

Además, ¿cómo maneja una iglesia las enseñanzas bíblicas o teológicas erróneas y el ministerio si no hay nadie disponible para ofrecer formación al pastor o a los pastores y no hay ningún lugar al que acudir para pedir responsabilidades eclesiásticas? La respuesta fácil de decir a esas iglesias que miren a su Constitución y Estatutos puede ser bien intencionada, pero es demasiado a menudo superficial, porque probablemente no tienen documentos que definan bien sus necesidades en ese momento (aunque deberían tenerlos). Peor aún, si tienen algún tipo de documento, puede que no lo hayan visto en años ni sepan siquiera dónde buscarlo. Ya te haces una idea. Este tipo de situaciones pueden convertirse rápidamente en peligrosas, incómodas, conflictivas e incluso litigiosas.

Estoy afiliado a las Asambleas de Dios. ¿Cuáles son las razones por las que me gusta ser ministro de este movimiento mundial? Éstas son sólo algunas:

Doctrina

Creo en lo que predica esta Hermandad. La doctrina de nuestra Fraternidad consta de 66 libros y, a partir de ellos, nuestros antepasados de las Asambleas de Dios consideraron oportuno establecer 16 Verdades Fundamentales que consideramos no negociables. Puedo decirles a mis hijos, que son viajeros globales, que, si asisten a una iglesia afiliada a las Asambleas de Dios en cualquier parte del mundo, la premisa básica de la iglesia será igual a la que encontraron en casa. Los estilos pueden cambiar. El mensaje es (en su mayor parte) una constante unificada. El protectorado de la pureza doctrinal proporciona un camino de luz y esperanza para la Iglesia de hoy en un mundo de mensajes diluidos y opiniones políticamente correctas promovidas por las masas.

Misiones e impacto global

Creo en hacer lo que Jesús dijo (véase Mateo 28:19-20), y mi iglesia cree en las misiones. En Misionología Redentora en Contexto Neumático, ofrezco detalles de los esfuerzos misioneros para nuestra Fraternidad. Dicho esto, el compromiso de la AG (ahora casi el 1 por ciento de la población mundial según las estadísticas de 2018 de la AG que reconocen más de 69 millones de adherentes en más de 370.000 iglesias) desde el principio hasta ahora -ser una iglesia misionera con principios autóctonos dirigida por el Espíritu Santo hasta que todos hayan oído- sigue siendo el núcleo de esta gran iglesia. ¡Me encanta!

Rendición de cuentas

Saber que tengo líderes bíblicamente sólidos que me ayudarán a permanecer bíblica y teológicamente sólidos en mi ministerio me da tranquilidad. Si fuera necesaria una acción disciplinaria (y desafortunadamente sucede), hay consejeros sabios que mantienen la redención y la sanación como sus objetivos al ayudar a los ministros y/o congregaciones a trabajar a través de los dolores del quebrantamiento.

Recursos para la formación y el liderazgo

Si mi corazón y mi objetivo es producir discípulos capacitados por el Espíritu, entonces los parámetros estratégicos de mis propios esfuerzos para la educación continua, la capacitación, el discipulado y la movilización son primordiales para el fruto que produzco. Desde los increíbles eventos y ministerios de nuestra organización para todos los grupos demográficos de la iglesia (desde la guardería hasta la tercera edad), hasta los campamentos de verano para niños y adolescentes, la asistencia de emergencia cuando los tiempos se ponen difíciles, y toda la ayuda imaginable para aquellos que desean obtener credenciales para el ministerio, no podría imaginar este viaje sin mi Comunidad.

Transiciones pastorales y asistencia para que las iglesias encuentren nuevos pastores

Al principio de mi ministerio como superintenddente denominacional, me encontré recibiendo llamadas telefónicas de líderes de iglesias independientes que necesitaban pastores principales. Me ofrecían sus esperanzas de que considerara enviarles una de las docenas o cientos de nombres de ministros con credenciales y formación de nuestra Fraternidad como posibles candidatos para sus iglesias indepen-dientes. Probablemente no hay un momento más significativo en la vida de una iglesia que la época de encontrar al líder de Dios para el pastorado. Los desafíos son muchos para las congregaciones sin un liderazgo capacitado y ungido. Las iglesias independientes que me llamaban en esos primeros días aparentemente habían aprendido lo que yo ya había presenciado. Los recursos encontrados de individuos examinados, entrevistados, experimentados, con antecedentes comprobados y con un ministerio probado, fueron descubiertos fácilmente en las oficinas denominacionales cercanas.

Mujeres en el ministerio

Aunque todavía hay un buen número de iglesias que desafían esta interpretación teológica, yo defiendo de todo corazón el ministerio bíblico de Miriam, una profeta de Israel durante el Éxodo (Éxodo 15:20); otra mujer profeta, Hulda (2 Re 22: 14-20; 2 Crón 34:22-28); la Tabita (Dorcas) del Nuevo Testamento, que dirigía ministerios de beneficencia (Hechos 9:36); y una miríada de otras ministras y líderes de la iglesia, como Euodia y Syntyche, Clemente, Priscila, María, Febe, Junia, Débora, y otras.*Ver: Nota a pie de página.[1]

Compañerismo

Pocos pueden entender lo solo que se puede sentir uno mientras sirve en el ministerio. Para los ministros y los líderes de la iglesia, que a menudo son vistos como modelos públicos siempre listos para dirigirse a la multitud, tomar la foto o liderar el camino, puede ser uno de los caminos profesionales más solitarios de la tierra. Encontrar confidentes y amigos fieles que puedan soportar escuchar la verdad de los desafíos y dolores de un ministro es realmente raro. Estar juntos en el camino con aquellos que tienen una fe tan valiosa, para recibir consuelo e inspiración personal e interpersonal, es esencial para la salud del ministerio.

Estoy agradecido de "pertenecer", de formar parte de la Fraternidad que me ofrece responsabilidad y cobertura espiritual. Espero que tú también puedas decir lo mismo de la tuya.

---

[1] "The Role of Women in Ministry." Assemblies of God (USA) Official Web Site. https://ag.org/Beliefs/Position-Papers/The-Role-of-Women-in-Ministry (accessed January 14, 2020).

Capítulo 10

Pintar las paredes de la iglesia de los niños

"¿Quieres que les guste a los adultos o quieres que les guste a los niños?" Eso es exactamente lo que me dijo Patsy Dennis cuando cuestioné la propuesta de colores múltiples, pinturas de grafiti y (lo que yo consideraba, inicialmente) personajes ajetreados y difíciles para las paredes del ala infantil. Nuestro extraordinario pastor de niños, que algunos años más tarde sería el director estatal de ministerios infantiles de la denominación, había contratado a un grafitero de una ciudad cercana para que pintara cada habitación y cada pared del ala infantil. Supuse que un artista "auténtico" iba a pintar. Lo hizo, pero con botes de pintura en spray. Fue todo un espectáculo. Afortunadamente, era indiscutiblemente un especialista en grafitis, y los tatuajes que le acompañaban me ayudaron a sentirme más consuelo de que aparentemente sabía lo que estaba haciendo. Cuando todo estuvo terminado, a los niños les encantó, y el arte los atrajo felizmente semana a semana cuando experimentaban un significativo servicio de adoración que nuestro notable equipo de la iglesia de niños había diseñado. Era divertido, interactivo, adecuado a la edad, sensible al tiempo, emocionante, lleno de adoración, oración y lecciones que impactaban en el corazón. No fue un servicio de niñera. Estos niños tuvieron un servicio de adoración que les sirvió por mucho tiempo en sus vidas adultas y fue un abanderado de lo que muchos buscarían algún día en un ambiente de iglesia para niños para sus propios hijos.

Durante estos años, aprendí algunas lecciones. En primer lugar, hay muchas maneras de construir una casa. Años después, utilicé esa analogía en numerosas ocasiones. Por supuesto, hay una forma determinada en que me gusta que se construya, pero cuando confías en tus líderes, les das las herramientas para que lideren. No hay que micro gestionar. ¿Es posible que la casa se construya de forma diferente a si la construyes tú mismo físicamente? Sí, es posible. ¿Es posible que lo hagas mejor? Bueno, eso depende de la percepción de cada uno, pero sí, es posible. No obstante, si no puedo confiar en mi equipo, ¿por qué están en la dirección de mi equipo? ¿Por qué los mantendría en mi personal o en el liderazgo de la iglesia si no puedo tener plena confianza en ellos y confiar en que manejarán adecuadamente los asuntos para los que me apoyo en ellos?

No fue un servicio de niñera.

Confíe en que sus líderes le harán mejor -con sus dones, percepciones y talentos (en sus propias áreas específicas y únicas)- de lo que usted mismo es. Eso es lo que hacen los líderes; nos hacen mejores con su presencia en el equipo de lo que podríamos ser por nosotros mismos. Confíe en sus líderes incluso a la hora de presidir sus reuniones, conferencias y seminarios. Aunque ciertamente hay reuniones que sólo el líder debe dirigir, si no puede confiar en su equipo clave para dirigir una reunión en su ausencia, entonces tiene un problema más grande de lo que cree. Elija líderes fieles en su caminar espiritual, leales en su dedicación, competentes en sus campos, enseñables, humildes, responsables y de confianza para los demás.

A menudo, papá elige la casa, mamá los coches y los hijos la iglesia. O, tal vez para usted fue mamá la que eligió la casa y papá los vehículos, pero usted entiende el punto. Casi siempre, son los

Pintar las paredes de la iglesia de los niños

niños los que finalmente eligen la iglesia de la familia. Usted puede luchar contra eso todo lo que quiera, pero la última parte es cierta a pesar de todo. He entrado en varias iglesias a lo largo de mis años, y no importaba lo asombroso que fuera el discurso y la adoración, si a los niños no les gustaba, ¡se acababa antes de tener una oportunidad! El ministerio de los niños es importante. Permítanme decirlo de otra manera, es un "Factor Decisivo" para que las familias se queden o sigan buscando una iglesia. El ministerio de niños no es una guardería funcional de fin de semana. Es un ministerio con interacción, adoración, tiempo de enseñanza, retos y juegos, y sí, ¡tiene que ser divertido!

Tal vez usted diga: "¡No todo son juegos y diversión!". Bueno, si no es divertido, entonces empieza a practicar tus despedidas en lugar de saludos. Tal vez no tenga el profesor adecuado, ni las salas, ni los saludadores, pero sí tiene una lata de pintura y puede comprar unas luces increíbles; puede ser puntual, estar arreglado y llevar la misma camiseta del ministerio de niños. Hay muchas cosas que uno puede hacer para entrar en la fase inicial de retener y hacer crecer a las familias jóvenes en su iglesia. Si usted quiere ministrarles espiritualmente, tiene que atraerlos naturalmente con cosas que llamen su atención para que le den una oportunidad honesta.

Hay un mundo de sorpresas cuando la atención emocionante se dirige a cualquier área específica de su iglesia. Atrae a nuevas familias y observa cómo se iluminan los ojos de los niños cuando entran por la puerta. También supone una gran diferencia para los padres, cuando sus hijos cuentan las horas del sábado por la noche para poder ir a su iglesia al día siguiente o, mejor aún, cuentan los días desde mitad de semana hasta que pueden volver a la iglesia. Puede ser una realidad. Yo lo he vivido.

El ministerio de los niños es demasiado importante para ser informal y poco atractivo.

61

Estableciendo La Atmósfera Para El Día De Adoración II

Y también puede ser una realidad en su iglesia. Las ideas frescas y creativas aportan imaginación sensorial y expresión sorprendente a los corazones jóvenes que exploran nuevos mundos. Utilice colores vibrantes y hágalo acogedor. El ministerio de los niños es demasiado importante para ser informal y poco atractivo. De nuevo, a nuestros niños les encantaron las paredes. La multitud de niños, su alegría, sus risas y su entusiasmo por volver semana tras semana, todo esto pronto demostró su valor para mí y para los padres. Me alegré cuando fui a la casa del Señor y el pastor de los niños había pintado las paredes de la iglesia de los niños en lugar de confiar en mí para la tarea.

Contratar y despedir

Comenzaré este capítulo donde terminé el anterior. En mi opinión, hay que elegir líderes que sean fieles en su camino espiritual, leales en su dedicación, competentes en sus campos, enseñables, humildes, responsables y que cuenten con la confianza de los demás. La contratación de personal suele ser una ocasión trascendental. A menudo el entusiasmo y la anticipación llenan el aire.

Sin embargo, de vez en cuando, un gerente o líder también tiene que despedir a los empleados. Este despido de empleados es desafortunado y delicado, pero crítico para la salud o la vida de una organización. En más de treinta años de ministerio, sólo he tenido que despedir a un puñado de empleados. Puedo decir honestamente que, en cada ocasión, esperé con toda la gracia y el tiempo que pude -mucho más que cualquier otro líder que conozco- antes de tomar la decisión de "apretar el gatillo". Aunque las situaciones pueden haber variado en el momento en que había soportado suficiente angustia, obviamente había llegado a un punto en el que determiné que era la gota que colmaba el vaso cuando tomé la decisión necesaria. Incluso con la más difícil de las situaciones, en la que me encontré teniendo que tratar con gente realmente buena, pero dándome cuenta de que la salud del ministerio no podía tolerar más los pasos en falso o el trato con ellos que traía desunión y desesperación, a estas alturas del juego los veredictos en ese punto no eran arduos. Los momentos de "la reunión" o el momento de comunicar la decisión y el plan, hasta el día de hoy, siguen creando sentimientos espinosos y recuerdos inquietantes. Sin duda, esas reuniones pueden ser incómodas o incómodas si eres propenso a tus propios problemas emocionales de sentirte mal por tener que dejar ir a alguien. Aunque parezca difícil, es más fácil si simplemente es respetuoso pero directo. Recuerde que la organización en su conjunto depende de su liderazgo para dirigir al equipo con integridad, visión y salud.

La esperanza de un mañana mejor gana siempre, y cuando usted ha orado y está seguro de que es lo correcto para la organización, puede estar seguro de que también es lo correcto para el individuo. La Biblia promete que Dios dirige los pasos de las personas justas. Simplemente tenemos que confiar en esa verdad y ser respetuosos, confiados y valientes en el liderazgo. Es lo que hacen los líderes.

Permítame también sugerirle que cree y utilice (hasta cierto punto) descripciones de trabajo definidas. Disponer de tales descripciones es más difícil para las iglesias pequeñas o los entornos de oficina reducidos, pero sigue siendo un principio clave a seguir cuando llegan esos momentos inciertos o inesperados en los que hay que desprenderse de alguien o procesar una transición que no se esperaba.

El personal superior puede marcar el ritmo o las agendas de su oficina, ministerio o iniciativas oportunas. Sin embargo, en las empresas o iglesias más pequeñas suelen ser los miembros del equipo administrativo los que conocen con mucho más detalle las operaciones diarias, los trabajos que hay que realizar o las tareas específicas que aportan el ritmo necesario para la síntesis y la eficacia. Si confía implícitamente en su equipo, no hay nada malo en dejar que le ayuden a diseñar las estructuras necesarias para las nuevas contrataciones, los detalles de las descripciones de los puestos de trabajo y las ideas necesarias para el éxito en el futuro. Sus nuevas contrataciones repercutirán en todas sus rutinas diarias. Deje que los miembros clave de su equipo administrativo ayuden a los líderes senior a tener el mayor éxito posible para el rendimiento general del equipo en las decisiones, la formación y las evaluaciones. A lo largo de los años, he tenido la suerte de contar con miembros del equipo increíblemente dotados y competentes que siempre me han hecho ser mejor que yo solo. Deseo lo mismo para usted.

No escatime en dar ánimos positivos a su personal. Del mismo modo, no evite evaluar las conversaciones, la disciplina y las deliberaciones preventivas, tanto verbales como escritas, según sea necesario. A lo largo de los años ha habido momentos en los que he utilizado evaluaciones escritas reales, y otros en los que he optado por no hacer revisiones anuales. Haga lo que mejor funcione en su entorno. No se limite a hacer algo porque la gran iglesia de la calle lo hace o porque los miembros propietarios de la iglesia dicen que así lo hacen en su empresa que parece estar prosperando. Haga lo que es correcto para usted, el entorno de su iglesia y sus líderes. Sólo recuerde, haga lo que haga, sea justo y deliberado en sus decisiones cuando ayude a un empleado en la transición. Si necesita un documento escrito firmado por todas las partes, hágalo. Mantenga las cosas limpias, sin tapujos, y hágalo con claridad para que todos lo entiendan.

No escatime en dar ánimos positivos a su personal.

Más adelante en este libro, cuando hablo de la gestión de conflictos, hablo de una clave que hay que recordar si se decide dimitir. Conviene que usted lea esa sección. Además, si usted es el pastor principal, el gerente o el guía del proyecto, y un miembro del equipo le ofrece su renuncia, encontrará en esa sección una verdad que no querrá perderse.

Cuando la unidad se ha perdido, la confianza se ha desplazado, la lealtad se ha despreciado, las normas se han abandonado, la competencia se ha desvanecido, o las innumerables otras consideraciones que a veces le llevarán a ese lugar de terminar el empleo o el servicio de alguien, hágalo sólo después de haber encontrado la paz en la oración comprometida, la dirección adicional de los colegas de confianza que han ofrecido el consejo y la razón, y la total confianza del Señor de que está parado en tierra firme. Esas guías le darán la fuerza necesaria para tomar las decisiones correctas en el momento adecuado para su organización, iglesia o ministerios.

Presentación de candidaturas, elecciones y nombramientos

Comencemos este tema considerando los momentos en los que un líder necesita nombrar a alguien para un título, un puesto o una función estratégica. Al igual que con la contratación de un nuevo miembro del equipo, hágalo sólo después de haber considerado los diversos factores que pueden darle a usted, y a los demás, confianza en el nombramiento después de haberlo hecho. ¿Ha visto a la persona en acción? ¿Conoce su trayectoria, sus éxitos y sus fracasos? ¿Su personalidad encaja bien con su equipo actual? ¿Aportan cosas que son críticas, estratégicamente buscadas y útiles para el progreso de la visión, los objetivos y los sueños de su organización? ¿Son leales, enseñables, complacientes y, probablemente lo más importante, competentes? Por supuesto, no olvide que lo que hacemos es espiritual. ¿Son personas espirituales? ¿Tienen un camino de fe profundo y confiable? Si es así, la mayoría de las cosas funcionarán, siempre que sean competentes. ¿Te he recordado que es importante que sean... competentes?

Ayuda tener referencias. Simplemente me sorprende cuántas empresas, jefes o gerentes no se toman el esfuerzo extra de contactar con las referencias. Si recibe referencias, tómese el tiempo de ponerse en contacto con ellas y averigüe qué pueden decir sobre sus posibles candidatos. Ciertamente, la mayoría de las referencias darán una respuesta positiva (por eso los individuos las usamos como referencias). Sin embargo, se sorprenderá de los detalles que puede conocer sobre una persona y de la honestidad que le ofrecerán algunas referencias, aunque no se lo pida específica-mente. Es sorprendente la cantidad de detalles que puede desconocer o no haber pensado sobre el candidato si simplemente hace las llamadas y se pone en contacto con las referencias indicadas.

Durante los años de mi pastorado, tenía una reunión anual de negocios con el propósito de elegir a los oficiales de la iglesia, a los miembros de la junta directiva, etc. En los primeros años, estaba a merced de un corazón esperanzado cuando llegaba esa reunión anual, confiando en que las nominaciones y las elecciones se desarrollarían sin problemas y que ningún individuo o sus familias se sentirían ofendidos de ninguna manera, aunque fuera inadvertidamente. Luego, al cabo de unos años, decidí no trabajar más, sino más inteligentemente. Me senté con los principales líderes, los miembros de la junta directiva y algunos miembros del personal para diseñar un proceso de nominación de miembros de la junta directiva que se ajustara mejor a nuestras necesidades. Ese tiempo y esfuerzo nos ahorró a nuestros ministerios y a mí un mundo de dolores de cabeza en los años venideros. Usted debe hacer lo que mejor funcione para usted y su iglesia en particular. No todo puede ser simplemente un molde, pero así es como resultó el nuestro, y fue una adición estelar a nuestros sistemas y procedimientos.

Aproximadamente un mes antes de la reunión anual de negocios, yo preparaba una carta de presentación explicando que pronto nos reuniríamos para nuestra reunión anual en tal y tal fecha, y que como miembros no sólo tenían derecho a asistir, sino que debían disfrutar de la oportunidad de nominar a otros miembros para los puestos de liderazgo que se ocuparían en la reunión. Adjuntaba una lista de miembros activos de la iglesia para que los destinatarios de la carta tuvieran en sus manos los

Presentación de candidaturas, elecciones y nombramientos

nombres de todos los demás miembros de la iglesia. La carta ofrecía algunos de los aspectos básicos de los puestos que se iban a cubrir por elección y animaba a presentar las candidaturas sólo después de un tiempo de oración y de un sentimiento de auténtica confianza en la madurez de los líderes que uno pudiera nominar. También se adjuntaba un formulario de nominación, en el que se pedía el nombre o los nombres de las personas que pudieran nominar, así como su propia firma al final del formulario. Sólo se aceptaban los formularios firmados. De este modo se garantizaba la respons-abilidad, ya que sólo los miembros reales de la iglesia podían rellenar y entregar un formulario de nominación. El sistema funcionaba bien. La carta ofrecía una fecha límite para devolver los formularios.

Cuando se recibían todas las candidaturas, se tabulaban los nombres y yo, como pastor, recibía un informe con la lista de cada candidato a las elecciones. Como parte del proceso, creé un comité de nominaciones que se encargaría de la selección inicial de los nombres, de contactar a cada nominado en un momento estratégico del proceso, etc. Esto me permitió seguir siendo cómodamente el pastor de todos y evitar momentos incómodos que nadie necesitaba o quería en ese momento. El comité de nominaciones se encargó de la importante tarea de asegurar la información clave. No era necesario que yo me pusiera en contacto con las personas en este escenario y les hiciera las preguntas ocasionalmente incómodas. Los miembros del comité asumían ese papel.

¿Era el candidato un miembro de la iglesia? ¿Estaban cualificados para servir? ¿Eran miembros fieles y cumplían con sus obligaciones? Eso sí que puede ser peligroso. ¿Eran individuos que serían útiles y apoyarían en oración la visión y los sueños de la iglesia y del pastor? No sólo queríamos personas que siempre dicen "sí" a todo, sino aquellas que apoyan y alientan el ministerio en general y que son lo suficientemente inquisitivas como para traer grandes ideas a la mesa. ¿Había asuntos incómodos (equipaje) que pudieran causar problemas a la iglesia, al pastor, al nominado o a sus familias si se les consideraba para una elección en ese momento? La comisión de nombramientos debatiría todas estas cuestiones y, de hecho, se reservaría el derecho de considerar la eliminación de nombres si lo considerara conveniente para el pastor o la iglesia. Si se sugiriera la eliminación de uno o varios nombres, se discutiría con el pastor para obtener más detalles y aclaraciones antes de que el comité tomara decisiones de esa naturaleza.

Además, cada candidato recibió una carta por correo con un cuestionario de nominación en el que se le pedía que ofreciera personalmente gran parte de la información necesaria antes de esas llamadas o contactos. Comenzando con una palabra alentadora de que debían sentirse honrados por haberse ganado el respeto de otros miembros para que su nombre fuera nominado, la carta también solicitaba sus respuestas a muchas preguntas planteadas que nos ayudarían a conocer a aquellos que "podrían estar" trabajando entre nosotros, como dice la Biblia. La carta ofrecía al nominado el respeto de declinar la nominación (mediante su firma) y así no tener que rellenar el cuestionario. O, si optaban por aceptar la nominación, pasaban a rellenar las preguntas de la lista. Era un sistema sencillo que nos funcionaba bien.

Una vez recibidos esos cuestionarios, un miembro del comité se pondría en contacto con todos los candidatos que hubieran decidido mantener su nombre en la candidatura. A continuación, se formularían las preguntas pertinentes. ¿Estaba el candidato dispuesto a permitir que su nombre se presentara públic-amente a la iglesia en consideración de la elección?

Es mucho mejor enterarse de las cosas antes de una elección que durante la misma.

Presentación de candidaturas, elecciones y nombramientos

¿Consideraba que era una buena temporada o un buen momento para servir? ¿Podría comprometerse con las reuniones necesarias? ¿Sus cónyuges y/o familias los apoyarían si asumieran el papel de voluntarios adicionales para la iglesia? A veces las personas tienen circun-stancias personales o atenuantes que dificultan su deseo de servir en ese momento, o que les hacen dudar a la hora de permitir que sus nombres se presenten para la elección. Si hay asuntos de esa naturaleza presentes, son personales y no deben ser discutidos públicamente o cuestionados si un nominado decide declinar la nominación. Me parece que los nominados agradecen que se les pregunte antes de la reunión, en lugar de simplemente presentarse a una reunión y enterarse (si querían servir o no) de que su nombre ha sido presentado públicamente. Es mucho mejor enterarse de las cosas antes de una elección que durante la misma. De nuevo, confíe en mí.

Una vez confirmada cada una de estas decisiones, el comité de candidaturas (unas cuatro personas clave, entre ellas dos miembros actuales de la junta directiva, un miembro del personal y un líder o miembro laico de la iglesia) preparaba la lista corta actualizada de candidatos y la presentaba al pastor. Si había alguna información que pudiera suscitar una pregunta o ser pertinente para que el pastor hiciera un seguimiento personal, yo empezaba a establecer mis contactos correspondientes. Por lo general, eran conver-saciones maravillosas y alentadoras para los miembros que habían recibido esa confianza de otros miembros de la iglesia por medio de esta nominación. Ocasionalmente, para algunos, era una oportunidad para mí, como pastor, de animar a los miembros de nuestra iglesia que pudieran estar pasando por algunos momentos difíciles en sus vidas, sus hogares o con sus familias en ese momento. Ser pastor de personas es uno de los mayores privilegios del mundo.

Cuando llegaba la noche de las elecciones, todos los líderes se sentían mucho mejor sobre el potencial de lo que podría ocurrir, simplemente porque se había dedicado un poco de tiempo y esfuerzo al proceso por adelantado.

Predicar en otras iglesias

Una de las maneras más seguras de establecer una atmósfera que apague los oídos y los corazones de las almas que buscan es ser o ser percibido como ofensivo para el pueblo de Dios o para aquellos a quienes se les ha dado el privilegio de ministrar. La alfabetización bíblica y la verdad no son ofensivas. He visto a oradores individuales decir y hacer cosas que simplemente no deberían haber sido dichas o hechas frente a audiencias particulares.

Durante los años que estuve pastoreando, en ciertas ocasiones me honraban con una invitación para predicar en otras iglesias de la comunidad. En esas ocasiones, me propuse respetar los púlpitos de otros pastores, las diferentes teologías denominacionales, o cualquier cosa que pudiera causar preocupación o desafíos al pastor de esa iglesia en particular. Es imperativo proteger al pueblo de Dios de la confusión. Creo que, si uno es llamado a pastorear en una comunidad local, está llamado a pastorear no sólo esa iglesia en particular, sino también la comunidad en general. Para ser fiel al cargo, uno nunca debe causar división o confusión. Por el contrario, hay que trabajar para construir puentes, unidad, confianza y fe.

Cuando le inviten a predicar en una iglesia de una denominación diferente a la suya, o en una iglesia que pueda tener teologías alternativas a la suya, tenga en cuenta que la oportunidad que se le ha dado rara vez es -si es que lo es- el momento de convencer a la gente de que su doctrina es correcta y la de ellos necesita ser ajustada. Simplemente no lo haga. No es correcto. He visto a gente hacer esto, y simplemente no me gusta. El hermoso pueblo de Dios no merece ser llevado a la confusión por alguien que proclama tener toda la verdad o el único camino para la interpretación bíblica. Un invitado siempre debe respetar al pueblo de Dios y al pastor de la casa. Si cree que no debe predicar allí, entonces no lo haga. Es así de simple. Además, el respeto al Señor importa aún más. Hay sesenta y seis libros de la Biblia y mucho que se puede predicar para bendecir a la iglesia y llevar a un caminante al pie de la Cruz sin preocuparse de las diferencias doctrinales en ese instante.

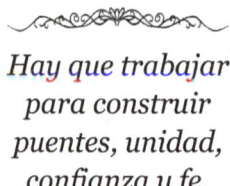

Hay que trabajar para construir puentes, unidad, confianza y fe.

Pocas cosas pueden ayudar a construir las relaciones de la comunidad con las iglesias y ministerios vecinos mejor que llegar a conocer a los pastores de la ciudad lo suficientemente bien como para cómodamente invitar a uno o dos a unirse a su iglesia para ministrar de vez en cuando. ¿Ha considerado alguna vez encontrar algunas circunstancias en las que pueda invitar a pastores vecinos, incluso de otras denominaciones, a predicar en su iglesia? Aunque no sea una consideración que quiera hacer con regularidad (cada situación es diferente), puede servir para construir relaciones estratégicas, ¡y puede que haga un amigo! Si lo hace, hágalo con cuidado y asegúrese de que conoce de verdad y puede responder por el ministro al que va a ceder el púlpito para el servicio. Nosotros, como pastores, somos responsables de nuestro liderazgo del pueblo de Dios y de la iglesia de Dios. Asegúrese de que el ambiente que usted establece, la atmósfera que permite o respalda, trae gloria y honor al Señor y permite al pueblo de Dios la mejor oportunidad de escuchar Su Palabra y encontrarse con Su presencia.

Mira hacia arriba.
Mira hacia abajo.
Mira a los lados.

¿Qué pasó con la humildad y el trabajo en equipo? ¿Qué pasó con la falta de pretensiones y la cooperación? La colaboración y la solidaridad es lo que debería encarnar la Iglesia, por lo que soy un firme partidario de que los líderes de las iglesias, las iglesias de la comunidad y, desde luego, las comunidades individuales trabajen juntas y se animen unas a otras en la labor de la cosecha. Estamos todos juntos en esto. La rivalidad se ha introducido en la iglesia, y es desgarrador. Las iglesias que compiten entre sí, los pastores que sienten que tienen que compararse con la iglesia de la calle de al lado para los alcances, los eventos, los días grandes, los registros de asistencia, las instalaciones, y más, son todos lamentablemente una parte de la corriente principal de la Iglesia de hoy. Las iglesias pequeñas y rurales o las nuevas plantas de la iglesia que luchan con "mantenerse al día con los vecinos" es una realidad desalentadora. No es de extrañar que los no creyentes (aquellos que a menudo son buenas personas, que simplemente admiten con integridad que no están convencidos del Dios de la Biblia o de una relación personal con Jesús) a menudo se preguntan sobre lo que la iglesia tiene que ofrecer. Si veo competencia entre las iglesias y sus líderes, estoy dispuesto a sugerir que esas buenas personas también lo hacen.

Clarence St. John, un ex superintendente de las Asambleas de Dios de Minnesota, apostólico y fundador de iglesias, compartió por primera vez conmigo este concepto de "arriba-abajo" hace varios años, dándome su consentimiento para utilizarlo de la manera que mejor se ajustara al contexto de nuestra hermandad en Kentucky. Lo creí, y todavía lo hago. Lo utilicé e insté a otros a hacer lo mismo.

Los líderes de las iglesias pequeñas deberían **mirar hacia arriba** y encontrar iglesias y líderes que puedan ayudarles en el camino. La iglesia de veinticinco debería establecer relaciones con la iglesia de cincuenta. La iglesia de cincuenta debería establecer relaciones con la iglesia de cien. La iglesia de 500 debería establecer relaciones con la iglesia de 1.000, y así sucesivamente. Deberían mirar hacia arriba. Hay mucho que ganar al tener un amigo que ha estado allí antes y que ya ha trabajado en algunas de las cuestiones de liderazgo y estructurales que podrían ayudarme a ser más eficaz en lo que estoy llamado a hacer.

Esto va en ambos sentidos, por supuesto. Además, debemos **mirar hacia abajo**. Si usted pastorea una de las iglesias más fuertes de su área, o si hay una iglesia cercana (sea de su denominación o no) que podría usar su ayuda, o usar sus materiales de discipulado o enseñanza perfectamente buenos que ya no está usando, entonces ¿por qué no ofrecérselos y ayudarlos? Las iglesias de 1.000 o 500 deben buscar la iglesia de 250, 100, cincuenta, o incluso menos, ofreciendo el estímulo y la ayuda que tanto necesitan para su trabajo en el Reino.

Con demasiada frecuencia, los líderes de las iglesias de 350, 500 o 1000 o más son percibidos inapropiadamente como exclusivos, menos participativos o menos acogedores que los que pastorean "la Iglesia de América, la iglesia pequeña". He encontrado que lo contrario suele ser cierto. Con frecuencia no son exclusivos o menos participativos por un rasgo de carácter debilitado. Simplemente están ocupados. Hacer crecer una iglesia

Mira hacia arriba. Mira hacia abajo. Mira a los lados.

es un trabajo duro, y a medida que la iglesia crece, el personal crece, los presupuestos crecen, y también los desafíos del calendario. Todo esto impacta en lo que pueden o no pueden atender o hacer. Aunque esto no exime a los pastores y líderes de esas iglesias de ser jugadores de equipo y participar por la causa mayor, merecen el beneficio de la duda antes de que las iglesias más pequeñas u otros líderes los juzguen erróneamente por lo que a veces puede percibirse como un desprecio. Sin embargo, lo que uno percibe como realidad no disminuye el manto que llevan los líderes de las iglesias para trabajar juntos de forma respons-able en los campos de la cosecha. Nos necesi-tamos los unos a los otros, y si hay una iglesia cerca de mí, o un pastor, líder o personal cerca de mí al que pueda ayudar, ¿por qué no querría ofrecerles una mano amiga, para ayudarles a ser tan efectivos como sea posible para el Reino? ¿Realmente me preocupa tanto, si pastoreo una iglesia de 200 personas, que la iglesia de 50, o de 100, vaya a robar a la gente de mi iglesia, o que de alguna manera mi ayuda ponga en peligro el ministerio que el Señor me ha confiado? Vamos a "mirar hacia abajo" (se entiende) a una iglesia más pequeña que la nuestra y llevemos al pastor a comer, a tomar un café o a desayunar. Conozcamos y establezcamos relaciones con los líderes vecinos.

Conozcamos y establezcamos relaciones con los líderes vecinos.

Y, este siguiente pensamiento podría ser una exageración para algunos, pero por eso lo comparto. Estoy convencido de que es hora de que la Iglesia trabaje unida para alcanzar a aquellos en la comunidad que aún no conocen a Cristo y su asombrosa gracia. ¡Sí, yo (algunos pueden decir, ingenuamente) todavía creo que podemos trabajar juntos en la unidad para hacer algo notable para el Señor! ¿Pueden los bautistas y los metodistas trabajar juntos en ocasiones? Por supuesto que sí. ¿Pueden los pentecostales y los luteranos o los presbiterianos, los bautistas, los metodistas o los católicos, encontrar una manera de bendecir a sus comunidades en general? Sí, pueden. No se juzguen unos a otros. Encuentren lo que pueden en común y hagan algo juntos por Jesús. En otras palabras, todos podemos mirar al otro lado del pasillo, a nuestras iglesias vecinas -en la calle, al otro lado de la ciudad, al otro lado de la calle o donde sea- para ofrecer nuestros brazos unidos para los ministerios que podrían traer esperanza y vida a las comunidades a las que estamos llamados a servir. Está bien compartir sus juguetes, jugar bien juntos, trabajar bien con otros. Y, ¡puede ser divertido!

Capítulo 15

Entendiendo los elementos clave para una iglesia saludable

A través de los años, estos ocho elementos simples para una iglesia saludable se convirtieron en mi enfoque para la predicación y la eficacia del ministerio:

- Alabanza y adoración
- Predicación ungida de la Palabra
- Misiones
- Ganar almas
- Oración
- Discipulado
- Servir
- Reproducción/Siembra

Alabanza y adoración
A menudo la música es un desafío, especialmente para las iglesias pequeñas o rurales. Sin embargo, hay formas variadas y productivas en que su servicio de cantos, su "alabanza y adoración" (como se le llama a menudo), y su atmósfera para el día de adoración puedan ser ungidos y significativos para todos los que asisten. Si usted tiene una persona que puede ofrecer música, le sugiero que vaya "desenchufado" (simplemente la única guitarra o teclado). Si necesitas usar "adoración enlatada" (i-worship u otras herramientas similares), ¡también funcionan muy bien! Si no tienes cantantes con dones de Dios que sean adoradores, entonces no fuerces ese punto. Use una persona,

desconectada (como se mencionó), optando por tener varios meses de práctica del equipo de alabanza en las noches libres, según sea necesario, para desarrollar el equipo que espera y desea usar en los próximos días. Implementa sólo cuando sientas que estás lo más preparado posible.

También he descubierto que demasiados pastores, especialmente los nuevos en la iglesia, a menudo piensan que es imperativo que cambien los estilos de canciones a los que sus congregantes han estado acostumbrados durante los últimos años. Aunque ese puede ser un objetivo importante para alcanzar (cada situación es diferente), mi consejo es no pre-ocuparse demasiado por los estilos, las gracias, las elegancias o lo que uno podría considerar como pulido, ya sea contemporáneo, tradicional, himnos, banda completa, orquesta, acapella, country, incluso bluegrass (yo soy de Kentucky), una mezcla o lo que sea. Lo que importa es si su gente está apasionada por lo que está cantando. La unción está presente cuando hay adoración. Si sólo están cantando una canción, el estilo no importará, y el canto no será más atrayente para "establecer la Atmósfera" sin importar la lista de canciones o el estilo que usted decida incorporar. Concéntrese en el corazón. Dios tiene una manera de ocuparse del resto.

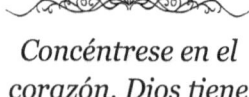

Concéntrese en el corazón. Dios tiene una manera de ocuparse del resto.

Predicación ungida de la Palabra

Esto es importante para establecer la Atmósfera de manera que los invitados y asistentes encuentren experiencias de adoración significativas y que cambien sus vidas cuando vengan a su iglesia. Mejorar sus mensajes puede hacerse de varias maneras. Le sugiero que lea más la Biblia y que ore más. Tenga conocimientos bíblicos y discierna el Espíritu Santo. Hay una serie de otras herramientas que pueden ayudar a su eficiencia y eficacia. Mire la longitud de sus mensajes. Los servicios no son más ungidos simplemente porque son más largos. Entienda su contexto y su audiencia. Recuerde que, por lo general, nuestro objetivo es animarlos a volver, no darles razones para no hacerlo. Aprenda a utilizar las señales vocales -altos, bajos, inflexiones- que afirman o impactan, las expresiones faciales, el contacto visual y diversos gestos. Son habilidades de comunicación básicas que todo orador profesional aprende a desarrollar.

No hay nada como conocer bien su texto. No digo que haya que memorizarlo, pero tener la Palabra en el corazón marca la diferencia. Es una lámpara y una luz que resalta el camino para todos los que escuchan. La Palabra no vuelve vacía. Siempre tiene sentido, por lo que hay que conocer la Palabra.

Otra sugerencia para la predicación es no alargar demasiado las historias personales de la familia. Tenga cuidado con el uso de su familia y sus hijos en las ilustraciones. ¿Por qué no pide a alguien que mida esto por usted escuchando con un oído servicial pero crítico, marcando con lápiz y papel, cada vez que utilice una determinada ilustración sobre su familia o un punto temático particular recurrente? Esto le ayudará a conocer su idiosincrasia y a abordarla para lograr el máximo impacto cuando suba al púlpito.

Mientras ministra, sea organizado en sus puntos, y reitere sus temas principales según sea necesario mientras predica o enseña. Aunque nos gusta pensar que todos los feligreses escuchan con atención y recuerdan sucintamente cada punto de cada sermón que predicamos (porque es sencillamente así de bueno), no es así. La mayoría sólo recordará una idea general de lo que trata su mensaje, así que reitere sus puntos y facilite que los oyentes se queden con algunas cosas para llevar del día. Conozco a un pastor que recientemente cambió el estilo de sus sermones por mensajes de un solo punto, ¡y está funcionando muy bien! Haz lo que te funcione, pero yo no consideraría los sermones de diez o quince puntos si quieres que la gente recuerde o regrese. De nuevo, confíe en mí. Lo he hecho varias veces y no es bueno. Agradezco que mis feligreses no me hayan tirado cosas.

Por supuesto, el uso de gráficos visuales como Keynote, Visme, PowerPoint, o una de una serie de otras herramientas similares ayudará a que sus puntos sean impactantes y memorables. Sea apasionado con lo que predica. Es la clave. Utilice una guía de sistemas para asegurarse de que predica sobre ciertos temas periódicamente a lo largo del año (ayudando a evitar simplemente predicar las mismas cosas por las que siempre se inclina -gracia, etc.). Descubrí en los años de ministerio de la predicación que cuanto más se predica, más consuelo y enfoque se obtiene en el arte de la predicación. Si nunca ha leído un libro sobre homilética, hágalo, y no tenga miedo de pedirle a su cónyuge, a sus principales líderes o a sus amigos que le hagan críticas. Le ayudará a mejorar. Si tiene disponibilidad para ver un video de usted predicando su mensaje, hacerlo le dará una visión de primera mano de su estilo, o de la falta de él. La clave es hacer todo lo que usted pueda para preparar, practicar y orar para que otros puedan encontrar Su presencia. Recuerde, Él puede hacer más en un abrir y cerrar de ojos que todos los domingos de predicación en su calendario anual, así que asegúrese de que sus momentos de adoración cuenten. La vida y la eternidad de las personas dependen de ello.

Misiones

Una iglesia enfocada en las misiones será bendecida y crecerá. Los líderes y pastores dirigidos a las misiones verán más salvaciones, bautismos en agua, bautismos en el Espíritu, y un impacto local y global para el Reino. Si usted no ha leído Misionología Redentora en Contexto Neumático, entonces hágalo. Ofrecí un libro entero centrado en la obra del Espíritu Santo en una iglesia con mentalidad misionera. Este es probablemente uno de los puntos más importantes de este

Una iglesia enfocada en las misiones será bendecida y crecerá.

capítulo. Le animo a no tomar las misiones a la ligera. He escuchado a demasiados pastores decirme a lo largo de los años cómo "definitivamente les dan energía a las misiones", y luego descubro que su idea de darle importancia es muy diferente a la mía, y en mi opinión a la de Jesús mismo.

Ganar almas

Ganar almas aparece como una categoría propia. "¿No es lo mismo que las misiones?" Bueno, no exactamente. Mientras que la labor misionera está potencialmente enfocada a la ganancia de almas, el latido de una congregación de la iglesia local cambia cuando los líderes dotados del quíntuple (Ef 4:11) entrenan y desarrollan a su gente para ver individualmente cómo la asombrosa gracia de Dios transforma los corazones y las vidas de los seres queridos, los amigos, los vecinos y las redes de la comunidad local a su alcance. Una iglesia encuentra un cambio alentador cuando sus miembros comienzan a compartir su propia fe en el trabajo o durante las comidas y ven a la gente aceptar a Cristo como su Salvador personal. Entrene a sus miembros para que sepan cómo y cuándo compartir con otros sus viajes personales con Dios. Nuestra sociedad se ha preocupado tanto por la posibilidad de ofender a alguien que el cambio de cultura ha sugerido, de alguna manera, al pueblo de Dios que compartir su fe es inapropiado. No tiene sentido. Las personas que han sido cambiadas por una relación genuina con el Señor, que entienden que sus pecados han sido perdonados y arrojados al mar para no volver a recordar, ¡son las que se comprometen a contar a otros las Buenas Nuevas! Cuando su propia gente comience a orar con amigos, a ver la transformación de la vida y a presenciar el levantamiento de las cargas, ¡su iglesia estará bien encaminada a la renovación y a tener nuevos retratos de encuentro! Eso, amigos, establece la atmósfera del día de adoración para cualquier asistente cuyo corazón esté enfocado en el Señor; así como también establece la atmósfera para cualquier invitado-posiblemente un asistente por primera vez-o incluso un asistente "esta era su primera vez y la única vez que planeaba venir"-para experimentar la maravillosa presencia de Dios de una manera palpable y muy personal.

Los últimos párrafos han aportado algunas ideas sobre los cuatro primeros puntos enumerados al principio de este capítulo:

1. Alabanza y adoración,
2. Predicación ungida de la Palabra,
3. Misiones, y
4. ganancia de almas.

Trataré brevemente los cuatro siguientes:

5. Oración,
6. Discipulado,
7. Servir, y
8. Reproducción/Siembra.

Estos cuatro son los cimientos sobre los que se construyen los cuatro iniciales.

Oración

La oración es fundamental para cualquier cosa en el ministerio. La oración es la clave para cualquier cosa que sea espiritualmente digna de mención o influenciada por los cielos. El servicio de adoración de uno es poco más que talento, y atonal en el mejor de los casos, sin un tiempo adecuado en la oración. Predicar sin orar primero es inútil y antibíblico. Jesucristo dijo: "Sin mí nada podéis hacer" (Juan 15:5). Predicar sin pasar tiempo con el Señor en oración es impotente y vacía la presencia del Espíritu. Era habitual que el apóstol Pablo pidiera a las iglesias en las que trabajaba que rezaran para que su ministerio en la Palabra fuera valiente y eficaz. Véase Efesios 6:19 y Colosenses 4:3-4. Además, los propios apóstoles estaban totalmente dedicados a "la oración y al ministerio de la predicación" (Hechos 6:4).

La oración trae la paz de la presencia de Dios para calmar el alma de las luchas y los conflictos diarios. La oración amplía la fe. Es a través de la oración que el ser humano comprende la voluntad de Dios y percibe los pasos del camino de la vida. La omnisciencia y la omnipotencia de Dios llenan el corazón de las almas que buscan al estar en comunión con el Único Dios Verdadero, y a través de la oración, los corazones se preparan para Su servicio cuando Él los llama a toda buena obra.

Discipulado

La iglesia no se construye, ni el Reino de Dios crece, consiguiendo más feligreses, sino haciendo discípulos. Un discípulo es un seguidor dedicado de Jesús. El discipulado debe ser un proceso clave de cualquier misión de la iglesia por el cual el Espíritu Santo equipa a los individuos a medida que crecen en el Señor Jesucristo. El curso del discipulado requiere que los creyentes respondan a la exhortación del Espíritu Santo para inspeccionar sus opiniones, palabras y actividades y compararlas con la Palabra de Dios. Esto requiere que estemos en la Palabra diariamente, aprendiendo, orando y conformándonos a lo que la Palabra de Dios ofrece.

Sirviendo

"Porque el Hijo del Hombre no ha venido a ser servido, sino a servir y a dar su vida en rescate por muchos" (Marcos 10: 45). Servir a los demás en el corazón y en el nombre de Cristo hace tanto por el que sirve como por los que son servidos. Los dones se hacen realidad y se desarrollan, se experimenta la alegría y la paz, se incrementa la fe y se reconoce la presencia de Dios cuando nos entregamos a los demás. Algunos piensan que tienen poco que ofrecer. Según las Escrituras, lo poco se convierte en mucho. "Pero tú, Belén Efrata, aunque eres pequeña entre los miles de Judá, de ti me saldrá el que ha de ser gobernante en Israel, cuyas salidas son desde siempre" (Miqueas 5:2, KJV). Usa lo que tienes y mira cómo Dios hace milagros a través de ello. Dorcas tenía una aguja,

María tenía una pequeña caja de alabastro con ungüento, la viuda pobre tenía dos ácaros, el joven David el pastor tenía una honda y cinco piedras pequeñas. ¿Qué posees tú que puedas dar para los demás?

Reproducción/Siembra

El ministerio quíntuple (Ef 4:11) incluye los llamados apostólicos. A lo largo de los años se han realizado muchas investigaciones para ayudar a determinar que la plantación de nuevas iglesias es la forma más estratégica de alcanzar a más individuos para Cristo. Las nuevas iglesias crecen más rápido que las congregaciones más antiguas. Incluso soy un fuerte defensor de que se necesitan más tipos de iglesias para alcanzar una demografía creciente y cultural-mente diversa. Dicho de manera sencilla, la plantación de iglesias es la actividad principal del Nuevo Testamento y sigue siendo hasta la fecha el método de evangelización más eficaz en la tierra. Como superintendente denominacional, he sido personalmente testigo de que es más fácil dar a luz a una nueva congregación, llena de vida y vitalidad, que revitalizar una iglesia en la cuesta abajo de su ciclo vital. Creo en la multiplicación de iglesias. Las iglesias que plantan iglesias, y que plantan iglesias, confían en que Dios hará el milagro. Tengan fe. Observen con asombro cómo Dios hace lo que la gente no puede comprender. Planten iglesias.

La plantación de iglesias es la actividad principal del Nuevo Testamento y sigue siendo hasta la fecha el método de evangelización más eficaz en la tierra.

Navegando por un cambio de nombre

¿Ha pensado en cambiar el nombre de su iglesia? ¿Están ocurriendo cosas tan alentadoras en la iglesia que un nuevo nombre simplemente comunicaría mejor quiénes son ustedes a la comunidad? ¿El pasado tiene simplemente una connotación tan negativa que usted y su liderazgo creen que no hay otra manera de superar el estigma de la percepción de la comunidad (a lo que ocurrió anteriormente) en la historia de su iglesia? Eso es muy triste -sobre todo para la comunidad, los que no son seguidores de Cristo, y cualquiera que pueda haber sido engañado por líderes sin escrúpulos que fallaron en guiar a la gente con integridad a Jesús. Es triste porque muchas personas renuncian a Dios cuando ven que las personas en las que confían les han fallado de una manera u otra. Todos deberíamos recordar que nunca debemos renunciar a Dios sólo porque una persona en la que confiabas haya fallado. Nuestros ojos están mejor enfocados cuando permanecen en Jesús. Sin embargo, si su iglesia ha experimentado este tipo de dificultades, entonces puede tener razón al considerar que un cambio de nombre o un nuevo comienzo podría ser el camino por seguir. Es posible que un nuevo comienzo pueda ser su boleto para recuperar la fuerza y la confianza. Sin embargo, permítame ofrecerle una rápida nota al margen, antes de que vaya por ese pasillo.

Así como la construcción de un nuevo edificio no hace crecer a una iglesia, tenga en cuenta que un cambio de nombre no cambia o altera la realidad de los ministerios reales (buenos o malos) que su iglesia está ofreciendo. A veces un cambio de nombre funcionará para lo que usted espera lograr, pero a veces no. Basta con decir que, por lo general, no lo hace. Lo que más importa es lo que ocurre dentro de la iglesia -y fuera de ella- más que el nombre en la puerta. Si necesita cambiar el estigma de su iglesia en la comunidad, entonces cambie el ministerio, fortalézcalo, vuelva a crear confianza, haga algo significativo para la comunidad y el entorno demográfico de su ciudad. Marca la diferencia para el Reino. Si haces eso, la gente se dará cuenta, las percepciones cambiarán y el nombre en la puerta pasará a ser secundario frente al poder en la casa.

Estuve asistiendo a una conferencia de liderazgo de la iglesia en México a principios de 2019. El ponente destacó un análisis estadístico sobre las iglesias que desde 2009 habían optado por eliminar los títulos específicos de la denominación por lo que percibían como nombres más relevantes desde el punto de vista cultural. Por ejemplo, una iglesia comunitaria conocida durante décadas como, "XYZ Bautista, XYZ Metodista, XYZ Asamblea de Dios, y así sucesivamente", cambiando sus nombres por títulos como, "Iglesia XYZ, Comunidad de Compañeros", etc. Ahora bien, si su iglesia se llama como uno de los ejemplos, sonría y sepa que no me estoy metiendo con usted en absoluto. Más bien, simplemente estoy haciendo un punto que, en esta conferencia, el orador señaló las estadísticas que indican que, como estas iglesias cambiaron sus nombres, o quitaron el logotipo de la marca de su signo, descubrieron una disminución significativa en el número de personas que figuran en sus categorías estadísticas para las conversiones, bautismos en agua, bautismos del Espíritu, etc.

A todos nos vendría bien, independientemente de nuestra lealtad a la marca, considerar precisamente eso: Lealtad a la marca. Parece que hay razones para creer que la cultura que nos rodea se está inclinando de nuevo a querer saber exactamente qué tipo de iglesia puede ser cuando pasan junto al cartel de la iglesia. Creo que la gente quiere saber (en la medida de su percepción, al menos) quiénes somos y en qué creemos. Con un rápido vistazo a un letrero o a un logotipo, no deberían tener la sensación de que intentamos ocultarles algo o de que les hacemos dudar sobre los detalles de lo que podemos ser. Soy partidario de volver a poner el nombre de la afiliación de la iglesia local en el letrero, si de hecho una iglesia está realmente afiliada a una denominación o cobertura eclesial concreta, y aparentemente hay estadísticas que indican el beneficio de hacerlo.

Creo que la gente quiere saber quiénes somos y en qué creemos.

Recuerdo que hace años, cuando era pastor, nuestra iglesia había cambiado de nombre. Conocida durante muchos años por un nombre determinado con un logotipo y un título específicos de la marca, mantuvimos nuestra cobertura espiritual, seguimos siendo fieles a nuestra pureza doctrinal y cambiamos poco en cuanto a nuestro enfoque del ministerio en la zona. Simplemente eliminamos el título y el logotipo denominacional de los carteles y materiales, optando por un enfoque de marketing más basado en la comunidad. Unos años más tarde, un invitado de la iglesia dio una ofrenda considerable un domingo por la mañana. Según lo acordado con nuestro contable, si se realizaba una ofrenda monetaria considerable que nuestro sistema informático no reconociera como de un donante habitual o que estuviera marcada como una ofrenda única y de gran cuantía, yo debía ser informado para poder responder rápidamente al donante con una expresión de agradecimiento personal y una conversación.

Llamé al invitado de la iglesia y recibí una maravillosa conversación sobre cómo habían disfrutado mucho de nuestra iglesia, el culto, la predicación y la presencia del Señor. El recién llegado a la iglesia continuó diciendo cómo se sintió más animado al haberme escuchado, desde el púlpito, reconocer abiertamente nuestra afiliación denominacional y mi amor por la bandera (por así decirlo). Me enteré de que llevaban un par de años conduciendo desde nuestra comunidad hasta una ciudad vecina, asistiendo a una iglesia que no les gustaba mucho, simplemente porque el cartel de nuestra iglesia no especificaba nuestra afiliación denominacional. No tenían ni idea de a qué grupo estábamos afiliados cuando pasaban por delante de nuestro cartel todos los días. No habían querido someter a su familia a ninguna incógnita. Sin embargo, habían estado buscando la denominación a la que habían pertenecido antes de mudarse desde Texas, y alguien les había dicho recientemente que creía que nuestra iglesia estaba afiliada exactamente a ese grupo. Les agradecí sus amables comentarios, su gran donación y su asistencia. Me aseguraron que habían encontrado su nuevo hogar en la iglesia y que volverían al culto semanalmente. Cumplieron su promesa. Tal vez haya algo en el hecho de que nuestra afiliación aparezca de nuevo en nuestros carteles. Sí, pronto cambié nuestros letreros para incluir nuestro logotipo denominacional.

Dirigiendo desde la casa del Pastor

No hay duda, como se ha mencionado en capítulos anteriores, de que mantener la integridad es el asunto más vital para los llamados a los propósitos de Dios. Con todos los casos de mala conducta sexual que están siendo tratados por las víctimas en todo el mundo, es desgarrador pensar en el daño que se ha causado y el daño que se ha hecho a las vidas de los individuos, el futuro de las familias, y la Iglesia en su conjunto por aquellos que dicen ser pastores, sacerdotes o líderes de la Iglesia de Dios. ¿Cómo saber o discernir si los líderes, en sus propias casas, son quienes dicen ser? Siempre he dicho que se puede saber mucho de las personas pasando cinco minutos en su casa, mirando durante sesenta segundos el registro de su chequera, o hablando con sus hijos de dos a seis años. (Los niños lo dicen todo).

A lo largo de los años, Renee siempre se ha apresurado a decir: "Nunca digas nada de los hijos de los demás". Por la gracia de Dios, allá vamos nosotros, o los nuestros. Cuando los hijos parezcan alejarse de la esperanza que ustedes les inculcaron o de los valores que les ofrecieron, tengan presente que deben amarlos siempre, orar con fervor y darse cuenta de que no pueden llevar el peso de las cargas de las decisiones que ellos decidan tomar, a menudo como adultos. No se pueden culpar por las decisiones que toman los demás. Llega un momento en que los niños se convierten en adultos y toman sus propias decisiones, correctas o incorrectas, sanas o malsanas, dentro de tu sistema de valores personales, o sin él. Los pródigos necesitan amor. Los pródigos necesitan oración.

Dicho esto, aún sabemos que algunas personas buenas tienen manzanas podridas en sus familias. Aunque hay cosas que las familias pueden hacer para preparar el camino de sus hijos o sentar las bases de la confianza para sus vidas, es bueno recordar que ninguno de nosotros puede ser respons-able de las decisiones de otro. En segundo lugar, algunas personas malas tienen manzanas buenas en sus familias. El Redentor no hace acepción de personas. Nos ama a todos, buenos y malos. Vivió y murió por todos nosotros, incluidos los que tienen todo, y los que no. Está disponible para todos: para los que le invocan y para los que aún no han susurrado o gritado su nombre en una oración humilde y arrepentida. Él desea que nadie perezca sin una relación personal con Él, y dio su vida para que todos pudieran llegar a aceptar su asombrosa gracia y encontrar la curación, la paz, la alegría y la plenitud en Él, tanto aquí en la tierra como por toda la eternidad en el cielo.

Los pródigos necesitan amor.
Los pródigos necesitan oración.

Sólo en el lugar secreto de una relación personal con Dios se encontrarán fieles los hombres y mujeres de la ropa (los que dirigen la Iglesia de Dios). Números 16:22 muestra el sentimiento de Moisés ante Dios, ya que se postró ante el Señor y se preocupó por los intereses del pueblo. Aunque estaba endurecido por haber presenciado el trabajo esclavo y el trato que recibía su pueblo en el reino del Faraón, su viaje desde los tronos de Egipto hasta la parte trasera del desierto pastoreando ovejas cambió la dureza de su corazón por la que le daba el Espíritu. Hebreos 3:2 explica que Moisés fue fiel en la casa de Dios. Sería bueno que los líderes de la iglesia de hoy se esforzaran por lograr esta fidelidad tanto en la iglesia como fuera de ella.

Dirigiendo desde la casa del Pastor

Obviamente, la primera prioridad del pastor es asegurarse de que su relación personal con el Señor sea saludable y fiel, pero - para aquellos que están casados- la familia del pastor es la iglesia más preciada que él o ella dirigirá, por lo que siempre se le debe dar la más alta prioridad. Los agotadores horarios del liderazgo pastoral, el desarrollo del crecimiento de la iglesia, el discipulado, la dotación de recursos y las constantes reuniones, agotarán a los pastores y les robarán el precioso tiempo de la familia. Ese tiempo con la familia tiene que ser vigilado, programado a veces, y protegido del constante bombardeo de reuniones de comités, llamadas telefónicas, mensajes de texto y correos electrónicos. Ir a los recitales de baile y a los partidos de fútbol, béisbol, baloncesto, lacrosse y fútbol. Ya te haces una idea. Otra persona puede dirigir una reunión de vez en cuando, si es necesario. Escápate y construye recuerdos familiares siempre que sea posible. Cuando los niños sean adultos no recordarán los juguetes o los caros regalos de Navidad y cumpleaños más que con un repaso fugaz de una fotografía. Lo que recordarán es a usted, el tiempo que pasó con ellos, los recuerdos que construyó con ellos y el amor, la confianza y la esperanza que compartió e inculcó en ellos.

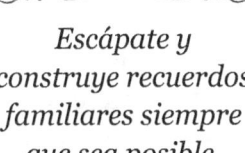

Escápate y construye recuerdos familiares siempre que sea posible.

Los padres que no asisten a la iglesia no deben sorprenderse cuando críen hijos que no conocen al Señor y no tienen interés en conocerlo. En mi viaje, he encontrado que muchos de esos padres no reconocen ni se preocupan tanto por las cosas de Dios en sus primeros años. Sólo más tarde comienzan a reconocer su necesidad de Dios y a menudo desean apasionadamente o incluso desesperadamente que sus hijos cambien sus vidas y conozcan al Señor. Tal vez eso es parte del problema en sí mismo. Nosotros, como individuos, no podemos cambiar nuestras vidas. Sólo Dios puede salvar, y sólo el Redentor puede cambiar nuestras vidas. Sin embargo, más adelante en la vida, nuestros hijos comienzan a reconsiderar sus caminos y a menudo abren sus corazones a la esperanza, la curación y la salvación de Dios. Desafortunadamente, para sus hijos, ellos han establecido el camino para que sus hijos caminen, y sus hijos están caminando el camino que ellos proporcionaron.

Me parece peculiar hablar con padres que más tarde en la vida comparten la preocupación de que sus hijos no van a la iglesia y no están interesados. Sin embargo, los propios padres nunca hicieron de la asistencia a la iglesia una prioridad en sus vidas, permitieron que las cosas de Dios y Su iglesia fueran opcionales o negociables, y tuvieron un interés mínimo en ir a la iglesia como familia cuando los niños estaban creciendo. Luego, como adultos, sus hijos tienen poco interés por las cosas de Dios y consideran que la asistencia a la iglesia no tiene sentido.

Si usted está viviendo esta angustia, nunca se dé por vencido con sus hijos. Perdónese por haber fallado en esta área, y crea que Dios puede hacer cualquier cosa, en cualquier momento, mientras usted comienza donde está: confiando y sirviendo fielmente a Él. Ore para que los milagros muevan montañas, ablanden corazones endurecidos y sanen vidas rotas y heridas. ¿Por qué creo en los milagros? Creo en los milagros porque creo en Dios.

Recuerde, nadie es perfecto, y ninguna familia lo tiene todo junto. Como he mencionado antes, Renee y yo hemos convertido en una prioridad en nuestro matrimonio el tratar de no juzgar nunca a los hijos de otra pareja; simplemente amarlos y orar por ellos. Podemos tener opiniones, podemos tener pensamientos sobre una cosa u otra, pero hemos trabajado a través de los años para evitar específicamente juzgar. A título personal, me han acusado de juzgar algunas veces. Tal vez usted también lo haya sido. Pero, en mi opinión, la precisión para determinar si se está juzgando o simplemente constatando un hecho se encuentra en el simple punto de los estándares que se tienen. A menudo me he

Dirigiendo desde la casa del Pastor

dado cuenta de que los no creyentes, o aquellos que personalmente se consideran creyentes pero que, en mi opinión, hacen caso omiso de ciertos aspectos directos de las Escrituras, harán una mueca y se retorcerán, sonreirán o harán caso omiso de cualquier declaración directa de lealtad a Dios, a su obra o a la Iglesia. Así que tenga en cuenta que, si usted se aferra a la fidelidad bíblica, al honor piadoso y a la rectitud, y si defiende a Cristo y a Su Iglesia, no se sorprenda cuando se le reprenda por juzgar a cualquier otro individuo que elija no vivir según esas normas. Si su corazón es correcto y su respeto está intacto, en realidad, usted no los está juzgando. Sus vidas ya se han juzgado a sí mismas, según la Palabra.

Es útil no ser ofensivo si se tiene un criterio diferente al de los demás. Recuerdo que hace años estaba entrevistando oficialmente a un candidato que solicitaba credenciales ministeriales. Como superinten-dente de la denominación, un colega y yo nos reuníamos con él en el proceso de su solicitud de aprobación para ser ministro en nuestra hermandad nacional. Ahora, años después, me río de ello. En aquel momento, no me reía.

A los pocos minutos de sentarnos en mi oficina para la entrevista de credenciales, el candidato comenzó a compartir que se había molestado al ver en una publicación mía reciente, en las redes sociales, en la que decía que había visto la película Forrest Gump con mi hija. Continuó explicando en términos inequívocos que le parecía pecaminoso y que, como superintendente de la denominación, estaba orando por mí, para que yo... Bueno, usted entiende el punto. En su opinión, yo era pecador y lo había decepcionado. En mi opinión, él era ridículo.

95

Sin embargo, le doy crédito por una cosa: aparentemente tenía estándares. Todos necesitamos estándares. Puedo respetar que, aparentemente, pensara que un ministro debía evitar cualquier cosa en la televisión que tuviera algo de mundano. Yo siempre he sido de la opinión de que los ministros deben estar en el mundo, pero no ser del mundo. Hice el voto de abstenerme de beber alcohol, pero si decido comer, compraré alimentos en una tienda que los venda, porque cualquier tienda de comestibles local vende alcohol. Tal vez, en su opinión, debería haber cultivado mi propio huerto y evitar los lugares que ofrecen esos vicios mundanos. Mi consejo es simplemente que evite ser ofensivo con sus normas o su cuestionamiento de las normas de los demás cuando se sienta decepcionado por su superintendente (especialmente si se reúne con él o ella para pedir la aprobación para recibir credenciales ministeriales).

Todos necesitamos estándares.

Capítulo 18

Ser jefe vs. ser líder

En los primeros días en que una nueva integrante del personal, Melissa, se unió a nuestro equipo de oficina, tuve que recordarle casi a diario que yo no era su jefe. Era su colega. Todos éramos miembros del equipo, sólo que con diferentes funciones o habilidades. Le dejé claro que ella y los demás miembros de nuestro equipo están mucho más dotados que yo en las funciones que desempeñan. Ahora nos reímos de lo del jefe, pero comunicar estas cosas desde el principio de la permanencia de una persona es sin duda una gran manera de construir un equipo fuerte. Aquellos que se ven a sí mismos como "el jefe" o "el director ejecutivo" o "el que manda" (y, todos los hemos conocido) la mayoría de las veces me molestan, y es un reto querer trabajar en su equipo.

Pocas veces me ha costado tener una opinión. En mi oficina a veces nos preguntamos si soy demasiado transparente con los comentarios y agradecemos a mi equipo que atempere esos pensamientos cuando saben que lo necesito. A menudo hemos sonreído, con una inclinación de cabeza que indicaba que el sentimiento era realmente serio, cuando se ofrecían comentarios orientativos. En esos momentos, el personal se convierte en equipo, los empleados en confidentes, los subordinados en colegas, y el trabajo pesado en equipo.

A través de los años, he sido bendecido (en su mayor parte) con líderes leales, estables, capaces, visionarios, creativos, metódicos y de largo plazo como jugadores de equipo y miembros del personal para los ministerios que el Señor ha concedido a mi cuidado. Cuando las personas que te rodean son mejores que tú, hace que el camino del liderazgo ministerial sea mucho más agradable, ¡y a veces entretenido! Anualmente, durante los últimos quince años, he ofrecido premios al mérito por años de servicio. Cada año, una de las cosas más alentadoras para mí es dar un premio a un miembro del equipo que ha estado a mi lado y/o en el equipo durante cinco años, diez años, quince años, veinte años, veinticinco años, treinta años, y más. No es raro que los miembros del equipo lleven conmigo entre diez y treinta años. Supongo que cuando uno ejerce el ministerio y la vida con un grupo de líderes durante tantos años, se aprende a confiar unos en otros, a aprender unos de otros y a desafiarse unos a otros para ser lo mejor que podamos ser para la obra del Señor.

Recuerdo que hace años, al llegar al trabajo, nuestro campus ministerial de la iglesia (en ese momento) de casi cuarenta acres en una carretera principal con el tráfico zumbando a sesenta o setenta millas por hora parecía especialmente desordenado con la basura y los escombros, como es a menudo el caso de las principales carreteras en nuestras ciudades. Ese día en particular, mencioné al personal que iba a salir a hacer algunas cosas, y que les agradecería que reorganizaran una hora más o menos de su mañana para venir a ayudarme. No tenían ni idea de lo que tenía pensado, y no les dije exactamente lo que le esperaba al equipo. Rápidamente determinaron la estrategia cuando comencé a caminar por la carretera, a través de nuestro terreno, recogiendo la basura. Yo dirigía el camino. Ellos me siguieron. Lo hicimos juntos. No lo dejamos, como si estuviéramos demasiado ocupados para ocuparnos de ello. No esperábamos que otro lo hiciera. Nos fijamos un estándar para ser y proporcionar a nuestros ministerios toda la excelencia que pudiéramos ofrecer. Ese día no quería ser un jefe. Quería ser un líder.

Ser jefe vs. ser líder

Los líderes enseñan a los demás. Los jefes los impulsan. Los líderes funcionan a partir de la generosidad, el cuidado y la libertad. Los jefes funcionan desde su posición o desde sus propias funciones de autori-dad esperadas o exigidas. A lo largo de los años me ha parecido gracioso que las percepciones de aquellos que se perciben a sí mismos de cierta manera (los llamaré "jefes" aquí) se ven de manera muy diferente a la mayoría de las personas que trabajan para ellos. Fíjese que no he dicho "trabajar con ellos". Hay poca unión en ese tipo de estructuras. Hay pocos equipos en esos sistemas. Por lo general, ese entorno de trabajo es de puertas cerradas, todo son negocios, pocas risas y rara vez se ofrecen opiniones, ya que se piensa: "No hay necesidad de ofrecerlas, si de todos modos me van a cerrar".

Los líderes funcionan a partir de la generosidad, el cuidado y la libertad. Los jefes funcionan desde su posición.

Los líderes fomentan y producen entusiasmo, interés y anticipación, mientras que los jefes generan frustración, ansiedad y temor. Los líderes son proactivos, piensan en lo que el equipo necesitará mañana, o la próxima semana. Los jefes esperan que las cosas se hagan, esperan que las cosas sean perfectas y esperan que las cosas sean como ellos quieren. Se sienten frustrados cuando incluso ellos han dejado caer la pelota, asumiendo que uno de sus empleados debería haber trabajado más duro o de forma más inteligente para asegurarse de que algo se lograra. Esas son las personas para las que no quiero trabajar.

Los líderes dicen: "Vamos a...." mientras que los jefes dicen: "Espero que...". A veces los jefes se centran en el "yo" en lugar del "nosotros". Cuando las cosas no salen como se espera, se planifica o se prevé, los jefes suelen encontrar fallos y reprueban o corrigen rápidamente el trabajo mal hecho. Los líderes son resolutivos, descubren los contratiempos y elevan el conjunto. Los líderes encuentran la manera de poner paz y un reto a la excelencia en la situación, aunque sea el momento de "todos a la obra". Los líderes muestran. Los líderes saben. Los líderes cultivan y mejoran a las personas. Los jefes se limitan a utilizar a las personas para su propio avance o fines, sin reconocer los dones y esfuerzos genuinos que ofrecen. Los líderes ofrecen reconocimiento y alabanza. Los jefes se atribuyen el mérito. Los líderes piden. Los jefes exigen. Algunos de los mejores líderes que he conocido todavía se recuerdan de decir "por favor" y "gracias". Los jefes a veces ni siquiera le miran a los ojos, son cortantes con sus comentarios u olvidan la dignidad de la atención y la preocupación humanas.

¿Es usted un jefe o un líder? Me acuerdo de los apóstoles y su liderazgo tan ejemplificado en Hechos 2. Es sorprendente cómo el Señor los utilizó en la unidad, y cómo la gente siguió su ejemplo mientras el favor y las bendiciones de Dios caían sobre todos ellos.

> 42 Se mantenían firmes en la enseñanza de los apóstoles, en la comunión, en el partimiento del pan y en la oración. 43 Todos estaban asombrados por los muchos prodigios y señales que realizaban los apóstoles. 44 Todos los creyentes estaban juntos y tenían todo en común: 45 vendían sus propiedades y posesiones, y compartían sus bienes entre sí según la necesidad de cada uno. 46 No dejaban de reunirse en el templo ni un solo día. De casa en casa partían el pan y compartían la comida con alegría y generosidad, 47 alabando a Dios y disfrutando de la estimación general del pueblo. Y cada día el Señor añadía al grupo los que iban siendo salvos. (Hechos 2: 42-47 NVI).

Aunque ciertamente no puedo hablar por las docenas de personas que han trabajado conmigo a lo largo de los años, me gustaría esperar que en este capítulo haya ofrecido más aspectos positivos que negativos. Aunque nadie es perfecto ni marca un cien cada semana, cada uno de nosotros puede esforzarse por ser mejor año tras año.

Ser jefe vs. ser líder

A los muchos miembros del personal y del equipo que han liderado conmigo, han hecho ministerio conmigo, han soñado sueños conmigo y han desarrollado ministerios conmigo a lo largo de los años, espero que puedan mirar atrás y decir: "Me consideraba un valioso miembro del equipo, un igual, un colega, a veces un regalo en el camino, y una voz de confianza en el desierto mientras trabajábamos juntos por los propósitos del Reino". Como ya he dicho, ninguno de nosotros consigue un jonrón todo el tiempo cuando se trata de estos esfuerzos, pero vale la pena el desafío de recordar que los líderes son mucho más fácilmente seguidos que los jefes. Sea un líder, no un jefe.

Sea intencional en su liderazgo. Haga las cosas a propósito. Sea deliberado. Trate a la gente de la manera correcta y por las razones correctas.

Proteger a los niños y seguir la ética ministerial

Era 2004 y me habían elegido superintendente estatal de la denominación a la que sirvo. En la iglesia en la que había servido durante dieciséis años, cuando se construyeron las nuevas instalaciones, hice que los arquitectos diseñaran grandes ventanas de cristal en todas las oficinas.

El primer día que entré en la oficina de mi nuevo superintendente, sonreí, sabiendo que iba a hacer un cambio casi inmediato. La puerta del despacho, al igual que las demás puertas de las oficinas del centro, eran todas macizas. No había inserciones de cristal que permitieran ver el interior. Para mí, eso era un problema. Es imperativo servir, aconsejar, ministrar y orar con integridad, a veces con total confidencialidad, y en ocasiones con un propósito estratégico, de modo que cualquiera que pase por fuera de las puertas con una simple mirada pueda determinar quién está en la habitación y qué está ocurriendo exactamente. Nunca debería haber un momento en el que alguien pudiera encontrarse solo, o en el que cualquier otra persona se viera en la tesitura de cuestionar su presencia en un despacho a solas con otra persona, ciertamente con menores, o cualquier otro caso que pudiera implicar una cuestión de integridad.

Tan pronto como pude resolver los detalles para conseguirlo, hice retirar todas las puertas de los despachos -incluida la mía-, alterarlas e insertar cristales en las ventanas. Estaba eliminando la oportunidad de que el enemigo me pillara a mí o a cualquier otra persona de nuestra oficina con la guardia baja en una situación comprometida o incluso cuestionable. Aunque la puerta de mi oficina suele estar abierta, y siempre he llevado una "política de puertas abiertas", esta renovación aseguraría que nunca estuviera encerrado o solo en mi oficina sin que otros pudieran ver fácilmente en la oficina a voluntad.

El propósito de este breve capítulo es simplemente hacer que los líderes de la iglesia se replanteen sus estructuras, procedimientos y prácticas operativas estándar. Es importante que los ministros se dediquen a la conducta, los principios y los códigos de ética en el servicio cristiano que permiten que sus vidas sean una voz y un testimonio de confianza para los que les rodean. Garantizar la integridad conlleva varias responsabilidades ante numerosos grupos y empieza por uno mismo. Sólo usted puede comprometerse con su propia vida devocional, su salud emocional, su régimen físico, la gestión del tiempo, la educación continua o las vías de crecimiento, la honestidad financiera o las actitudes semejantes a las de Cristo que le den influencia y voz dentro y fuera de la iglesia y la comunidad local.

A lo largo de décadas de ministerio, se me ha recordado que tengo responsabilidades no sólo por mis acciones y mi integridad, sino para proteger el corazón y la confianza de los que más importan en mi propia vida: mi esposa y mis hijos; la iglesia que pastoreo; la denominación que dirijo; los cientos de colegas a los que sirvo; y los miles de feligreses de las iglesias que esperan de mi cargo y mi función confianza y orientación, fidelidad e integridad. Es mucho para asimilar cuando se piensa en la gravedad de la mala conducta. Supongo que lo que siempre me ha mantenido más centrado es la devoción y el amor que siento por mi mujer y mis hijos. Como superintendente, he visto familias destruidas, hijos que se alejan de sus padres y de la iglesia, y gente buena que levanta las manos con disgusto, alejándose de todo lo que habían conocido como verdad y familia, debido a los errores, el pecado y el dolor horrible causado por ministros que carecen del departamento de ética. Es hora de que la Iglesia y sus líderes vuelvan a hacer de la integridad una prioridad.

He escuchado historias desgarradoras de feligreses de los que se ha aprovechado el personal de la iglesia. Conozco bien el dolor que se produce cuando los pastores de jóvenes o de niños llevan a un grupo de niños o adolescentes (menores) a casa después de salidas relacionadas con la iglesia y, de alguna manera, la última adolescente en ser dejada en su casa es una adolescente (llevada a casa sola -en ese momento y en este caso- por su pastor de jóvenes soltero, o casado). Por supuesto, la historia también podría ser la de una mujer miembro del personal y un adolescente o niño varón. Este escenario es igualmente problemático tanto en situaciones del sexo opuesto como del mismo sexo. ¿Es posible que haya ocurrido algo inapropiado por parte de un líder juvenil? ¿Es posible que un adolescente o un niño pueda -o quiera- decir que algo ocurrió por alguna razón, aunque no haya sido así? Lamentablemente, ¿quién sabrá la verdad cuando no hay testigos ni responsabilidad? Este tipo de situaciones no deberían producirse nunca. Ya sea que haya ocurrido algo inapropiado o no, el caso de la integridad y la responsabilidad siempre debe ganar y ser la lección primordial en la que confían todos los padres y los adolescentes/niños bajo el cuidado de una iglesia. Siempre he defendido el cuidado y la protección de los niños y los adolescentes; la iglesia y sus líderes deben comprometer todo lo que esté en su mano para ese fin: su protección. Posiblemente una mejor metodología general sería que los padres se reunieran con sus hijos en la iglesia. De cualquier manera, debe haber una resolución razonable de integridad en todo momento.

Es hora de que la Iglesia y sus líderes vuelvan a hacer de la integridad una prioridad.

Arminianismo vs. Calvinismo

Mis primeros años se formaron en los bancos de las iglesias bautistas. Recuerdo como si fuera ayer, cuando tenía poco más de un año de edad, jugar con un camión rojo de juguete bajo los bancos de la Iglesia Bautista Lily, al sur de London, Kentucky. Mi madre tocaba el piano. Normalmente estaba delante o en la primera fila. Mi padre era diácono y se sentaba habitualmente unas seis filas más atrás, a la izquierda de la puerta de entrada, frente al púlpito, en el extremo izquierdo, en el extremo de uno de aquellos viejos bancos de madera. En aquella época no había cojines en los asientos. De vez en cuando me arrastraba hasta las filas de delante, sin duda tanteando los zapatos o los pies de los amigos de la familia de toda la vida. Otras veces me encontraba en las filas de atrás, mientras las ruedas de aquel camión rojo nos guiaban.

¿Qué pasó con los días en que nuestros hijos crecían bajo los bancos? ¿Qué pasó con los días en que nuestros hijos crecían con el recuerdo de sus padres arrodillados en oración? Recuerdo que mi padre se ponía de rodillas cuando oraba en ese banco cada semana. El pastor de entonces, a mediados de la década de 1960, era Hargus Shackelford; era un amigo de la familia de confianza de mi padre. Comenzaba a orar y la iglesia le seguía. Mi padre se arrodillaba inmediatamente, como si se esperara que todo el mundo lo hiciera. Yo detenía mi camión en silencio, sabiendo que me metería en algún problema equivalente si causaba demasiado ruido o llamaba la atención en ese momento sagrado.

Poco reconocía yo en aquellos años el fundamento que se estaba poniendo con la doctrina y la enseñanza que escuchaba semana a semana. El calvinismo no era algo de lo que yo supiera entonces. El concepto calvinista de TULIP (tulipán en inglés) era desco-nocido; el único tulipán que conocía era la flor de la que mis padres hablaban de vez en cuando. La familia Wesley era algo de lo que sólo muchos años después me enteraría, ya que se relacionaron o conectaron de alguna manera con las ideologías de la privación, la elección condicional, la expiación ilimitada, la gracia resistible o la garantía y la seguridad.

> *¿Qué pasó con los días en que nuestros hijos crecían bajo los bancos?*

Sabiendo que una miríada de antecedentes y opiniones eclesiásticas llenan el paisaje de mi familia y amigos actuales, mi punto en este capítulo no es tanto cuestionar si uno debe rendirse al calvinismo o inclinarse en la otra dirección y adherirse a mi propio pentecostalismo clásico preferido, o incluso a las convicciones wesley-arminianas de confianza. Llegaré a eso en un momento. Los libros que escribo son para todos, independientemente de las convicciones denominacionales o teológicas. Aunque ciertamente tengo mis propias preferencias y determinadas interpretaciones bíblicas, me parece imperativo que cada uno de nosotros encuentre su propio camino hacia la Cruz. Me parece que demasiados líderes eclesiásticos son analfabetos de los elementos fundamentales y fundacionales de su propia fe. Con ese fin, escribo este capítulo para ofrecer algún elemento elemental de aclaración respecto a posiciones teológicas y doctrinales a menudo mal entendidas. Búsquelo a Él, y Él le responderá.

Entonces, ¿qué proclamaron exactamente Juan Wesley o Juan Calvino? La "T" del TULIP del calvinismo representa la Total Depravación (Total Depravity) de Calvino, que declaró que los seres mortales están tan afectados por las penas destructivas del pecado original que son incapaces de ser irreprochables y son continua e inmutablemente pecadores. La libertad de la humanidad se considera totalmente esclavizada por el pecado, de modo que simplemente podemos elegir la malevolencia. El concepto de privación de Wesley ofrecía algo menos que el total. En la sustancia establecida por el teólogo reformado holandés, Jacobus Arminius, los seres humanos son inmorales y ciertamente pecadores sin Dios, impotentes por sí mismos de ser moralmente virtuosos o justos. Sin embargo, no son irremediable o insuperablemente pecadores y pueden ser cambiados y renovados por la gracia de Dios. En la premisa de Wesley, la gracia preveniente de Dios regenera a la humanidad la libertad o el libre albedrío.

Demasiados líderes eclesiásticos son analfabetos de los elementos fundamentales y fundacionales de su propia fe.

La "U" del TULIP del calvinismo aborda el punto de la Elección Incondicional (Unconditional Election). Con la premisa de que la humanidad no puede seleccionar por sí misma, Dios por su juicio inmortal ha seleccionado o designado a algunos para ser consider-ados como irreprochables o justos, sin ninguna condición asignada a esa elección. Como yo lo entiendo, Wesley argumentaba que Dios había elegido a toda la humanidad para ser santa y justa únicamente por su gracia, pero que nos ha llamado a responder a esa gracia aplicando nuestra elección humana restaurada por Dios como condición de la elección adorada. Wesley no predicaba la predestinación, ni creía que ciertos individuos hubieran sido preelegidos por Dios para la salvación y otros para la condenación. Reconocía plenamente que la salvación era simplemente concebible por la gracia soberana de Dios.

Agustín, de Hipona (actual Argelia), el padre de la iglesia del siglo IV (354 - 430 d.c.), estableció los principios fundamentales de la obra de Juan Calvino. La "L" del TULIP de Calvino se refiere a la oferta de una expiación limitada (Limited Atonement). Todos estamos agradecidos de que Dios haya perdonado a la humanidad pecadora y de que -a partir de la muerte de Cristo en la Cruz, su sepultura y su resurrección- Dios ofrezca el perdón para toda la humanidad. Sin embargo, ahí surgió el debate teológico de los siglos, en cuanto a quién dentro de la humanidad estaba incluido en ese perdón. La obra de Calvino proclamaba que la expiación se limitaba sólo a los elegidos por Dios. Wesley argumentó con firmeza en contra de tal proclamación, predicando que los efectos de la expiación están disponibles libremente para todos los que Dios ha elegido. Wesley continuó definiendo a aquellos como incluyendo a toda la humanidad, "quien quiera".

La Gracia Irresistible (Irresistible Grace), la "I" del TULIP de Calvino, enseña que la gracia que Dios extiende a toda la humanidad para afectar su posición selecta, o su elección, no es algo que se pueda rechazar, ya que ha sido declarada u ordenada por Dios. Wesley denunció esta enseñanza, definiendo que las Escrituras imparten únicamente la gracia de Dios como gratuita y ofrecida sin méritos. Sin embargo, la teología wesleyana enseñaba que Dios concede a las personas la libertad de aceptar o rechazar su asombrosa gracia. Ahí está el fundamento de la salvación: el favor inmerecido aceptado o rechazado.

Finalmente, el TULIP de Calvino presenta la Perseverancia de los Santos (Perseverance of the Saints) como la declaración de que los elegidos de Dios, decretados por Él e irresistibles por su gracia, están incondicional y eternamente seguros en esa elección. Aquí es donde el mundo eclesiástico recibe el concepto "Una vez salvado, siempre salvado". Aunque no debería considerarse de manera tan simplista, esto se ha convertido a menudo en el principio estandarizado para definir el calvinismo. Wesley, por supuesto, interpretó las Escrituras para decir que hay seguridad

Arminianismo vs. Calvinismo

para el creyente en la gracia de Dios para la salvación, pero que esa seguridad es relativa a la fidelidad sostenida y continua y a la fidelidad a la Palabra de Dios y a sus decretos bíblicos. Así como uno puede elegir aceptar a Dios, uno puede siempre y desafiantemente elegir rechazar a Dios.

Si nunca ha pensado en las distinciones exactas entre las dos teologías de renombre, espero que esta breve explicación le ofrezca una visión para su estudio posterior. Ahora bien, esto es lo más importante para los propósitos de este libro y de este capítulo. He utilizado a Calvino y a Wesley para discutir algunos temas clave que realmente creo que cada persona debería tomar en serio. No es tanto que esté animando a uno a abrazar una posición sobre otra (aunque claramente caigo en la familia Wesley-Arminiana); más bien quiero simplemente abordar mi fundamento básico y esperanza para todos. Demasiadas personas asisten a las iglesias y no tienen ni idea de lo que aborda la teología de su iglesia. Lo que quiero decir es que la doctrina importa. La Escritura nos ofrece este encargo:

> 9 "El que transgrede y no permanece en la doctrina de Cristo, no tiene a Dios. El que permanece en la doctrina de Cristo, tiene al Padre y al Hijo. 10 Si viene alguno a vosotros y no trae esta doctrina, no lo recibáis en vuestra casa, ni le digáis que vaya con Dios" (2 Juan 1:9-10, KJV).

Lo que quiero decir es que la doctrina importa.

Desde que estoy en el ministerio se ha producido un marcado cambio en la forma en que la cultura tradicional, especialmente la norteamericana, se adhiere a las lealtades familiares a largo plazo por la marca y la etiqueta. Parece raro encontrar a los que optan por seguir siendo adherentes estrictos a una fundación específica y a la pureza doctrinal. Sin embargo, tanto si uno elige la iglesia familiar tradicional como si no, la clave es que la doctrina importa. La verdad importa.

Quiero animar a los asistentes a la iglesia de hoy a que piensen de nuevo en lo que creen, por qué lo creen y, lo que es más importante, a que definan con confianza lo que la Biblia dice sobre un tema u otro. Muchos de los que asisten a la iglesia de su elección hoy en día hacen caso omiso de las doctrinas fundamentales de una iglesia para acomodarse y asimilarse a los propósitos de un determinado ministerio de niños, los estilos de adoración de la música y los servicios, y/o la profesionalidad o la amabilidad y la aceptación que se encuentra en el personal del ministerio y los líderes. Es hora de volver a centrarse en aquello que guiará a la familia en el futuro, y en la eternidad. Cuando los tiempos son desafiantes y las preguntas persisten en los valles de la vida, el equilibrio se encuentra en la Palabra de Dios. La doctrina importa. Averigüe lo que cree la iglesia a la que está eligiendo asistir y determine si está de acuerdo en que se adhiere a la verdad bíblica. ¿Cómo lo podrá saber? Lea la Biblia. Haga preguntas. Pregunte a mentores de confianza, que asistan a la iglesia, que lean la Biblia y que sigan a Cristo genuinamente, qué debería preguntar y qué le animan a preguntar. La Biblia enseña que hay sabiduría en los consejeros, así que use a los que están en su vida para que le ayuden a establecer un estándar alto que traiga fortaleza a su hogar y a su familia. Reúnase con su pastor y con los ministros de la iglesia para preguntar sobre las cuestiones que le interesan. Finalmente, confíe en que, si le pregunta al Padre, Él le responderá. La doctrina importa.

Proporcionar asesoría prematrimonial y matrimonial

A lo largo de los años, me propuse no celebrar ceremonias de boda si la pareja no había hecho un esfuerzo y una dedicación razonables al asesoramiento prematrimonial. El compromiso que veía en las parejas jóvenes una y otra vez, dispuestas a conducir después de largos días de trabajo varias horas para llegar a una sesión de asesoramiento nocturno, me daba la sensación de que en su propio viaje matrimonial soportarían las pruebas del tiempo.

Por supuesto, había otros que se burlaban de la idea de que pidiera sesiones de asesoramiento. Demasiados de ellos hoy no han durado en su felicidad matrimonial. Para aquellas personas que llevan años de matrimonio luchando con diversos problemas de la vida en común, busquen un pastor. Busquen un consejero. Encuentren de nuevo su esperanza. Recuperen las pequeñas cosas que hacían el uno por el otro cuando salían juntos. Encuentren el lenguaje del amor del otro, y sírvanse mutuamente en el amor de Cristo.

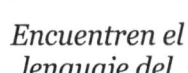
Encuentren el lenguaje del amor del otro

Después de décadas de ministerio, sigo creyendo que las parejas deberían prepararse mejor para uno de los mayores viajes de sus vidas. Por ello, ofrezco aquí unas sencillas sugerencias para todas las parejas que estén pensando en casarse:

- Elimine la palabra "divorcio" de su diccionario.

- Establezcan el momento para las discusiones importantes.
- Encuentren una iglesia y asistan juntos fielmente.
- Den el diezmo y confíen en los principios de Dios.
- Construyan una cuenta de ahorros.
- Amen y perdonen.
- Tengan mentores que sean dignos de confianza y que digan la verdad con amor.
- Crean en su cónyuge y demuestren que lo hacen.
- Hagan que su relación sea más importante que sus carreras.
- El mayor regalo que puedes hacer a tus hijos es amar a su madre o a su padre, así que hazlo.
- Si han tenido un fracaso en un área antes, háganlo bien la próxima vez. Dios redime si se lo permiten.
- Vivan dentro de sus posibilidades.
- Tomen decisiones juntos, no por separado.
- Tengan sus propias escapadas, pero encuentren cosas que les guste hacer juntos.
- Desarrollen la oración.
- Añadan música a la rutina diaria de su matrimonio. Es terapéutica y simplemente añade belleza.

Capítulo 22

Gestionar los conflictos

Cuando uno compromete su vida con el liderazgo, ya sea a través de las funciones de gestión en la fuerza de trabajo moderna, o en los deberes clericales/pastorales a la Iglesia de Dios en todo el mundo, identificará rápidamente el conflicto como parte de la ecuación. Cuando entré en el ministerio no sospechaba que fuera a necesitar un abogado. Sin embargo, antes de que concluyeran mis años de pastor, me encontré con más de una ocasión en la que necesité asesoramiento legal. Algunos habrán pensado que yo también necesité asesoramiento mientras atravesaba algunos de esos asuntos, pero ciertamente tener a mi disposición unos cuantos escuderos afables se convirtió en algo clave en varios momentos. Si ustedes mismos se enfrentan a esos momentos, recuerden ciertos principios bíblicos básicos. El Dios eterno se interesa por sus problemas, y los pasos de los justos son ordenados por el Señor.

Un buen punto de partida son las disculpas. Si se encuentra en un error, en cualquier medida, pida disculpas, y hágalo genuinamente. Eso contribuye en gran medida a admitir tu humanidad y a fortalecer el carácter y la confianza. Es habitual identificar su parte personal del conflicto y no retrasar las cosas. Trate con quien sea y lo que sea de forma inmediata y personal. Retrasar las cosas o esconderlas bajo la alfombra, por así decirlo, no hace que desaparezcan. Sólo persista, los olores empeoran, la ira se vuelve más hostil y el moho crece.

Cada vez que alguien fabrica un cambio, puede surgir un

conflicto, y a menudo lo hace. El cambio es una pieza natural e indispensable para preparar a su iglesia para su futuro. Por desgracia, cuando surge el conflicto, en lugar de aprender el arte de gestionarlo, demasiados líderes de hoy prefieren ignorar la cruda realidad o se esconden del conflicto, aislándose a sí mismos y a los demás para no abordar los problemas fundamentales.

Una vez escuché a un profesor recordar en una clase: "Sin conflicto no habría Nuevo Testamento". Qué verdad tan profunda. En medio de la belleza y la paz que nos gusta proclamar desde las Escrituras, el camino para encontrarla está pavimentado con guerra, batallas, destrucción y muerte. La muerte de Cristo en la Cruz suele plasmarse en mensajes con motivo del "Viernes Santo". Es un nombre peculiar para un día que representa la muerte de Cristo. Por lo tanto, el conflicto es una parte normal del camino para que encontremos una vida más abundante con alegría, esperanza y paz. Siempre hay una ruptura antes de que pueda haber una curación. El conflicto tiene una forma de hacernos más fuertes y resistentes. El conflicto nos hace madurar de forma extraña y optimista para trabajar de forma más eficaz y eficiente para Cristo.

Trate con quien sea y lo que sea de forma inmediata y personal.

Vivimos en una cultura postmoderna que invita a las preguntas y a los cuestionamientos. Mientras que algunos líderes son receptivos, muchos otros, por desgracia, intentan eliminar las preguntas o se sienten desafiados por ellas, lo que es peor. No ha sido una lección fácil de aprender, pero a lo largo de los años he mejorado un poco en reconocer que alguien que cuestiona el cómo y el por qué de mi manera de hacer las cosas o del proceso de nuestro equipo no es realmente lo mismo que si fuera amenazante o directamente argumentativo. La gente simplemente quiere saber por qué, cómo, cuándo, o si se puede hacer de forma diferente y más eficiente para obtener los resultados deseados o incluso mejores. Los mejores líderes, en mi opinión, dan a la gente el respeto de las respuestas, el diálogo y la política de puertas abiertas para canalizar las herramientas, la formación y la resolución de recursos. En ocasiones me he encontrado con líderes que están fuera de su elemento, con diversos problemas personales, presupuestarios o de personalidad, y que simplemente tienen miedo de pedir ayuda por la posibilidad de que esa ayuda exponga sus debilidades al mundo. Ese tipo de comportamiento da lugar a un estilo de liderazgo poco fructífero que ahoga el crecimiento, el ingenio y el progreso visionario. Cuando el conflicto está bien gestionado, las nuevas rutas para el ministerio pueden ser positivas, progresivas y afirmativas. Y lo que es más importante, se pueden resolver los problemas y dar pasos para avanzar en la visión y los esfuerzos.

Cuando los líderes se sienten amenazados por el conflicto, inseguros o inclinados a demostrar frustración o resentimiento, la divergencia empeora las cosas casi siempre. No se puede huir del conflicto, ocultarlo, disfrazarlo, delegarlo o ignorarlo. Los líderes lideran. Si no se aborda el conflicto, se crearán equipos disfuncionales carentes de armonía, producción o inspiración.

Este breve capítulo no está diseñado para ser la guía completa de respuestas a todos sus conflictos, pero nos serviría para ofrecer un breve curso intensivo de gestión de conflictos. Cuando se produzca -y se producirá-, ¿cómo debe comenzar la tarea de resolverlo? En primer lugar, reconozca que tiene que enfrentarse a él. No se puede dejar de lado, enmascarar o ignorar.

Ya sea que se trate de un conflicto en el contexto secular o eclesiástico, los líderes deben aprender a ser generosos con el perdón. Las personas se aferran a su amargura y frustraciones por las heridas que se les han hecho. No es raro que las personas saquen a relucir una y otra vez problemas o acusaciones graves que se les han hecho en el pasado. Cuando lo hacen, muestran hasta cierto punto que le dan valor al dolor y simplemente no lo han dejado pasar. Jesús animó a perdonar. Nosotros también deberíamos hacerlo. Además, perdonar a otro protege tu propio bienestar y evita que el enemigo gane terreno. Perdone y ayude a los demás a hacer lo mismo.

Los líderes deben aprender a ser generosos con el perdón.

Cuando alguien acude a usted quejándose de haber escuchado algo sobre otra persona, o contándole lo que cierta persona ha hecho mal, envíe a esa persona directamente a la que está hablando para que lo discuta ella misma. Si un conflicto no es suyo, sino de otros, no permita el mal comportamiento. Dirija a los demás para que aborden su propio conflicto.

¿Y si está tan frustrado y molesto que decide dimitir? Tenga en cuenta estos sencillos pensamientos. Nunca renuncie si no es en serio. Si está en el lado de la dirección que recibe una dimisión, acéptela siempre si se la ofrecen. Además, enseñe a su gente a entender estos dos principios. Resulta útil ir a enfriar la situación antes de volverse reaccionario. Entonces, en cambio, podrá ser relacional y redentor.

Finalmente, ¿cómo dice la Biblia que hay que manejar los conflictos? Varios pasajes tratan directamente el asunto de los desacuerdos. Hebreos 12 habla de la disciplina de Dios para sus hijos. Su disciplina no es punitiva, sino restauradora. El apóstol Pablo escribió sobre la restauración de un hermano defectuoso y probablemente roto en la mansedumbre y con gentileza (Gálatas 6:1). Aunque es con mansedumbre, todavía hay que hacerlo.

El Antiguo Testamento también aborda la forma de afrontar los problemas de confrontación (Lev 19:17). Probablemente, el pasaje bíblico más definitivo relacionado con el tema se encuentra en Mateo 18. El versículo 15 dice que hay que ir directamente a la persona con la que ha surgido el conflicto. Si eso no resuelve las cosas de manera amistosa, el versículo 16 dice que hay que llevar a un testigo neutral (la responsabilidad siempre es algo bueno para ambas partes) para hacer otro intento. Si eso no funciona, el versículo 17 habla de llevar los asuntos a los líderes de la iglesia (para los conflictos entre creyentes que puedan ocurrir). Sin embargo, hay que tener en cuenta que no es necesario involucrar en los asuntos a personas que no tienen por qué hacerlo. Una vez me explicaron que, al tratar los conflictos, debía aprender a mantener los círculos de discusión o influencia lo más pequeños posible. Un profesor lo describió una vez como "el círculo de la confesión". Sólo tiene que ser tan grande como el círculo de la ofensa. Los líderes celosos a veces pasan por alto que el propósito de la disciplina de la iglesia es la renovación. Nuestro papel como líderes es traer la curación. Que siempre vivamos nuestras vidas para restaurar a otros y construir puentes para la esperanza.

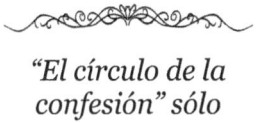

"El círculo de la confesión" sólo tiene que ser tan grande como el círculo de la ofensa.

Oí decir una vez: "El hecho de que la gente haya tenido una vida difícil no le da licencia para tratar a la gente de forma inapropiada". Enseñe, modele, desarrolle, perdone, intermedie y ore por la resolución. Recuerde que el conflicto en sí mismo no es pecado, pero ciertamente puede preparar el terreno para ello.

Un número de recursos e investigadores magníficos han ofrecido volúmenes sobre la gestión y resolución de conflictos. Aprovecha esos recursos y estúdialos. Valdrá la pena el esfuerzo para construir el pueblo de Dios y su Reino.

Capítulo 23

Ser sumiso, responsable y humilde

Tres simples palabras que pueden cambiar el curso de su dirección, traer el favor a su causa, y proporcionar la paz como un río a su corazón son los atributos de ser sumiso, responsable, y humilde. Concluyo este libro con una breve sinopsis de estos tres adjetivos sencillos, pero profundos, palabras que he compartido muchas veces con amigos, consejeros, alumnos y feligreses. Estos fundamentos serán pilares firmes para su viaje, independientemente de los desafíos que tenga que superar.

La gente suele preguntar: "Ora para que...". " Ora por mí para que ellos..." "Ora para que yo..." "Cómo puedo saber si..." "Me gustaría saber si..." Simplemente recuerde estas tres afirm-aciones antes de entrar en la reunión, antes de ofrecer sus respuestas, antes de decirles lo que realmente piensa (por así decirlo): Ser sumiso. Ser responsable. Ser humilde.

Estos fundamentos serán pilares firmes para su viaje.

Sumisión

Ser sumiso no significa estar de acuerdo con la esclavitud, la coacción o la opresión para someterse a las exigencias de otro. Más bien es estar dispuesto a conformarse con la autoridad o la voluntad de los demás, ser gentilmente obediente, complaciente, maleable, y acomodarse o amenizar. Cada persona, por naturaleza, tiene sus opiniones, y con razón, pero todos tenemos que someternos de forma voluntaria, a veces, a los intereses de los demás y poner nuestros deseos por detrás de los de otros. Aunque la mayoría de nosotros pensamos que lo tenemos todo resuelto y que ciertamente no necesitamos que otra persona "que claramente no lo entiende" nos dirija hacia un plan que nos empantane, la realidad es que la mayoría de nosotros nos equivocamos de vez en cuando. De hecho, necesitamos que otros hablen en nuestras vidas. Someterse a la autoridad de otros que Dios ha puesto en nuestras vidas es un principio espiritual que muchos pasan por alto cuando sienten que "finalmente han llegado y están preparados para guiar ellos mismos sus propios caminos". Creo que Dios nos proporciona coberturas en nuestras vidas. Es nuestro deber para con Dios discernir la profundidad de esas coberturas; entonces, a través de Su Palabra podemos entender mejor nuestro curso de acción y los pasos a seguir. Espiritualmente hablando, los creyentes renuncian completamente a su voluntad y someten sus pensamientos y obras a la voluntad y las enseñanzas de Cristo.

Responsable

Ser responsable habla de la naturaleza de ser competente y justificar voluntariamente las acciones de las decisiones. Una persona con este atributo acepta de buen grado la responsabilidad de las acciones. Esta apreciada característica no es algo que se le pueda dar a uno o a cualquier otra persona. Es un rasgo personal que lo distingue a uno del resto.

Los líderes toman decisiones. Los líderes asumen la responsabilidad de sus acciones y decisiones. Los líderes se aseguran de haber procesado, orado y decidido antes de tomar decisiones. ¿Alguna vez ha conocido a alguien que parece culpar a otros o que inmediatamente echa la culpa a otra persona en lugar de asumir sus propias responsabilidades? Ciertamente lo he hecho, y no es un rasgo de carácter agradable de presenciar.

Humilde

Ser humilde es ofrecer una estimación modesta de la propia importancia. Es ser respetuoso, auto desconocido, poco asertivo, deferente, sin pretensiones. La humildad suele considerarse lo contrario del orgullo. La humildad es la expresión exterior de una consideración interior adecuada. Hablar menos y escuchar más. Esperar un poco más y ser el último de la fila. Pedir consejo y asesoramiento. Elogiar a los demás. Elogie a los que le rodean cuando sea apropiado. Dar crédito a los demás cuando sea necesario. Acepte sus errores y admita sus fracasos. Todos los tenemos. Sea indulgente y pida perdón cuando sea necesario. La Biblia habla de la humildad. Puede hacer su propia búsqueda exhaustiva en las Escrituras sobre este tema, pero no olvide estos pasajes clave: Proverbios 11:12, "Con los humildes está la sabiduría", y 1 Pedro 5:5, "Revestíos de humildad unos con otros".

Conclusión

Estos veintitrés capítulos han ofrecido una visión de varios elementos de los aspectos prácticos, sistemáticos y espirituales del liderazgo de la iglesia. Algunas partes fueron muy personales y un reflejo de mi propio viaje. Otros segmentos pueden haberle parecido desafiantes. Ahora, deberá utilizar lo que ha procesado para ajustarse mejor a su llamado y asignación ministerial. Use lo que pueda para fortalecer su trabajo para Cristo. Lo más importante es reconocer que todo lo que hacemos debe estar cubierto por la oración. Busque la presencia de Dios, y permita que el Espíritu Santo guíe a su iglesia en cada situación y servicio. Como escribí en el primer libro, Dios puede hacer más en un abrir y cerrar de ojos que nosotros en días, semanas o meses de preparativos. Haga de la oración una prioridad.

Todo lo que usted haga debe ser cubierto en oración, permitiendo que el Espíritu Santo guíe a su iglesia en cada situación.

Cada persona que lea este libro encontrará elementos únicos en él que despierten el interés o brinden la oportunidad de reflexionar sobre qué y por qué hacemos lo que hacemos. Encuentre a qué se dedica usted en el Reino de Dios, y dedique el máximo esfuerzo a cumplir con aquellas cosas a las que Él le ha llamado. Las iglesias son distintivas y están destinadas divinamente a propósitos selectos. Honre a Dios. Celebre a su gente. Trabaje dentro de sus dones y habilidades para hacer algo asombroso para Dios. Recuerde: ¡Él lo está alentando!

Honre a Dios. Celebre a su gente.

Ahora, comience sus listas, las consideraciones de los

aspectos específicos que se pueden hacer para mejorar sus experiencias y servicios ministeriales después de haber revisado las discusiones de estos capítulos.

Preguntas de repaso

Para esta sección, tal como dije en el Volumen 1 de Estableciendo la Atmósfera para el Día de Adoración, recuerde que no está tratando de compararse con la iglesia de la calle o con el ministerio más grande que "lo tiene todo". Nuestro deseo como líderes de la iglesia es honrar a Dios con la excelencia en las cosas que podemos hacer.

Aquí hay algunas preguntas que le ayudarán a comenzar a hacer que sus ministerios sean lo mejor que puedan ser para el Señor. Si su iglesia es rural, metropolitana, móvil, tradicional, contemporánea, de la Alta Iglesia, o una miríada de alternativas para el inicio o revitalización de iglesias hoy en día, hay numerosas cosas que puede hacer para brillar al máximo y exaltar a Cristo.

No se salte este importante paso siguiente. La lectura de las opciones ofrece a nuestro corazón y a nuestra mente algunas consider-aciones que tal vez hayamos querido poner en práctica pero que aún no hemos llegado a hacerlo. La lectura nos recuerda cosas que probablemente hemos pensado antes, pero que simplemente hemos pospuesto debido al tiempo, las restricciones presupuestarias u otras razones. Sin embargo, tomar un bolígrafo para redactar los pensamientos iniciales nos da la oportunidad de planificar los cambios, programar los cambios, hacer los cambios, y proyectar una visión emocionante para la iglesia. Hacerlo así siempre generará impulso, energía y, con suerte, sinergia para el

Recuerde que no está tratando de compararse con la iglesia. Nuestro deseo es honrar a Dios con la excelencia en las cosas que podemos hacer.

crecimiento. Pensar en todo lo que debe ser mejorado en su contexto realmente construye el entusiasmo y la proyección estratégica para los días más grandes que su iglesia ha visto. ¡Disfrute del viaje!

Discusión de los capítulos

Capítulo 1: Sujetando el micrófono

- ¿Usted busca maneras de construir relaciones, sinergias, amistades y apreciar las historias de los demás? Todo el mundo tiene una historia.
- ¿Tiene usted una estructura en alguna de sus reuniones de servicio que permita los testimonios personales, la oportunidad de permitir a los feligreses contar sus historias, y/u ofrecer palabras personales de aliento a la iglesia en su conjunto?
- ¿Le ha preocupado alguna vez lo que alguien pueda decir por el micrófono y ha optado por evitar la oportunidad por completo para evitar los posibles problemas que pudieran surgir?
- ¿Está usted dispuesto o quiere estirarse y permitir que Dios use y hable a través de los miembros de la iglesia?
- ¿Quiere o necesita que la congregación note que está segura en su liderazgo orientador?

Capítulo 2: Lustrar los zapatos

- ¿Ha llegado el momento de debatir algunas directrices adecuadas para su equipo?
- ¿Debe pulir sus zapatos, literalmente?
- ¿Podría ser que un poco de entrenamiento de etiqueta fuera beneficioso para usted, su personal y sus líderes, e incluso para los miembros de su iglesia como un recurso para ayudarlos a todos a ser más efectivos y eficientes al compartir las buenas noticias con otros?
- ¿Este capítulo trata realmente de sacar brillo a los zapatos?
- Si no es así, ¿de qué trata este capítulo desde su perspectiva u opinión?

Capítulo 3: Dirigir las reuniones del Consejo de Administración

- Si tiene reuniones de la junta directiva o de los ancianos programadas con regularidad, ¿de qué manera podrían mejorarse?
- Si no tiene reuniones regulares de la junta directiva o de los ancianos, ¿cuál es la mejor manera de planificarlas y programarlas ahora?
- ¿Ha considerado invitar al personal a sus reuniones? ¿Por qué? ¿O por qué no?
- ¿Necesita que los líderes de su iglesia construyan una comunidad entre ellos mientras se preparan para guiar a la congregación hacia una próxima visión o logro?

Capítulo 4: Servir la Eucaristía, la Cena del Señor, la Comunión

- ¿Cuáles son las ventajas de ofrecer regularmente la Comunión a sus feligreses?
- ¿Cuáles son las consecuencias adversas para la iglesia al pasar meses o años sin ofrecer o servir la Cena del Señor?
- ¿Ofrece usted el ministerio de la Comunión a las personas encerradas y a los ancianos?
- Si su iglesia ha estado floja en el área de servir la Comunión, ¿cuándo la va a programar?
- Si la Comunión es una parte regular de sus servicios, ¿cuáles son las formas en que puede mejorarla o traer un nuevo significado a su servicio de los elementos?

Capítulo 5: Enseñanza del Diezmo: Santo para el Señor y la responsabilidad de las finanzas

- Si la mayordomía significa que somos los administradores de lo que Dios posee y ha puesto a nuestro cuidado, entonces ¿no debería ser razonable que los líderes den el ejemplo de dicha mayordomía?

- ¿Están los miembros o líderes ricos haciendo que el pastor o cualquier líder de la iglesia se abstenga de hacer lo que es bíblico y correcto para proteger una fuente de ingresos en lugar de seguir los principios bíblicos de integridad y mayordomía financiera?
- ¿Ha estado preocupado por cómo manejar a un líder que ha elegido no apoyar más a la iglesia por medio de diezmos y ofrendas?
- ¿Le sería útil a usted y/o a los líderes de su iglesia realizar un estudio bíblico y una investigación sobre lo que Jesús dijo sobre la mayordomía y las ofrendas?
- ¿Predica usted sistemáticamente sobre el dar, los diezmos y las ofrendas?
- ¿Está usted, como pastor o líder de la iglesia, satisfecho con los asuntos financieros de su iglesia?
- ¿Qué ministerios de la iglesia que abordan actualmente este tema funcionan bien?
- ¿Qué ministerios no funcionan bien?
- ¿Qué ministerios necesitan ser añadidos o mejorados inmediatamente?
- ¿Existen dos contadores para las ofrendas recibidas?
- ¿El tesorero hace los depósitos bancarios? Si es así, ¿debería haber un procedimiento contable aceptado que proteja la responsabilidad individual y la integridad corporativa y que delegue esa responsabilidad en otra persona?

Capítulo 6: Estar en su presencia

- ¿Espera usted experimentar la presencia de Dios en su ministerio y servicios?
- ¿Programa su servicio de tal manera que permita tiempo para esperar en la presencia de Dios y para detenerse en la adoración, permitiendo que los congregantes se concentren simplemente en Dios?

- ¿De qué manera podría reestructurar su horario de servicio para dar más oportunidad a estos momentos de crecimiento y acercamiento a Dios?
- ¿Qué cosas de sus servicios podría eliminar por completo para dar más tiempo a asuntos más importantes?

Capítulo 7: Establecer lo que se debe y lo que no se debe hacer en las redes sociales

- ¿Quién en su iglesia puede estar a cargo de las redes sociales?
- ¿Hay fotógrafos en los que podría delegar la tarea de asegurarse de que sus medios sociales tengan un impulso visual?
- ¿Están las palabras en sus presentaciones/venas en los medios sociales escritas correctamente?
- ¿Sus medios sociales ofrecen una negatividad quejumbrosa o defensiva en lugar de una influencia positiva y un estímulo?
- ¿Sus medios sociales hacen que su iglesia o sus ministerios parezcan necesitados?
- ¿Cómo puede su iglesia desarrollar una mejor estrategia y marca para su ministerio?
- ¿Con qué frecuencia publica?
- ¿Interactúa con su gente regularmente a través de las redes sociales?

Capítulo 8: Celebrando la voz de su cónyuge: Tener a Renee en la plataforma

- ¿Cuándo fue la última vez que, como pastor o líder de la iglesia, tuvo a su cónyuge en la plataforma para dirigirse a la audiencia?
- ¿Cuáles son las formas en que su cónyuge podría participar y hablar públicamente a la congregación?
- ¿Existen oportunidades que podrían desarrollarse para que usted y su cónyuge en el liderazgo se unan en sus diversas

opciones de ministerio, introduciendo un enfoque de equipo a su gente?
- Cuando su cónyuge le ofrece una palabra de precaución o consideración, ¿la acepta con sentido, o tiende a rechazarla?

Capítulo 9: Reconocer el valor de la afiliación

- ¿Por qué no guiar a la junta directiva de su iglesia, a los ancianos, al personal y a los líderes en un ejercicio propio, determinando los factores más significativos de la afiliación(es) para usted y su iglesia?
- ¿Cómo pueden, usted y sus dirigentes, ofrecer el servicio de su iglesia como parte del equipo más grande de su(s) red(es)?
- ¿Cómo puede asociarse con aquellos a los que está afiliada para hacer aún más por Cristo?
- ¿Cómo puede usted marcar el ritmo para que su iglesia ministre en un sentido más amplio a su región, estado, redes y comunidades?

Capítulo 10: Pintar las paredes de la iglesia de los niños

- ¿Este capítulo trata de pintar las paredes? ¿Quizás? ¿Tal vez no? Pero ¿necesita pintar sus paredes? Si es así, píntelas.
- ¿Tiene miembros del equipo en los que confía?
- ¿Qué puede hacer para fomentar la confianza del equipo?
- ¿Qué puede hacer para ofrecer formación a su equipo?
- ¿Cómo puede hacer que sus instalaciones sean lo mejor posible para las personas a las que quiere llegar?

Capítulo 11: Contratar y despedir

- ¿Tiene miembros del equipo de los que está orgulloso? Dígalo.

- ¿Hay miembros del equipo que sabe que debe liberar de sus funciones actuales, pero que duda en hacerlo? Si es así, ¿quiénes podrían ser y por qué necesita liberarlos?
- ¿Usted ha planeado una reunión de su junta directiva, de los ancianos o de sus colegas de confianza para discutir estas cosas? Hay más sabiduría en dos cabezas que trabajan juntas.
- Considere la posibilidad de tener un compañero de responsabilidad con usted cuando tenga esa reunión pertinente y que cambia todo con un miembro del personal.
- ¿Se necesita documentación firmada? Prepárela con antelación.

Capítulo 12: Presentación de candidaturas, elecciones y nombramientos

- ¿Ayudaría un comité de nominaciones en su ministerio?
- ¿Quiénes de sus líderes podrían desempeñar esa función?
- ¿Debería su iglesia preparar un manual de políticas y procedimientos más formal relacionado con estos temas?
- ¿Cuáles son otras consideraciones que usted (en su escenario) debería discutir en relación con estos asuntos?

Capítulo 13: Predicar en otras iglesias

- ¿Cómo puede usted, como pastor o líder, comprometerse e involucrarse más en su propia comunidad?
- ¿De qué manera puede ofrecer un servicio a la comunidad en general?
- ¿A qué agrupaciones ministeriales no ha sido fiel o no le ha interesado participar y en las que podría hacer un esfuerzo para involucrarse intencional y respetuosamente?
- ¿Con qué otros ministros de la comunidad se pude entablar una relación de amistad?
- ¿A qué otros ministros de su comunidad podrían considerar invitar a compartir en su iglesia? ¿De qué manera se les puede involucrar?

Sobre Joseph S. Girdler, D.Min.

Capítulo 14: Mira hacia arriba. Mira hacia abajo. Mira a los lados.

- ¿A qué iglesias puede usted ayudar?
- ¿Qué tiene usted en su ministerio que podría dar a una iglesia necesitada?
- ¿Qué iglesias, pastores o líderes cercanos o a una distancia razonable de desplazamiento puede seguir, desarrollar una relación de tutoría, aprender de ellos u obtener ayuda o recursos?
- ¿De qué manera su iglesia o ministerio podría asociarse con otros en su red, comunión o comunidad para marcar la diferencia?

Capítulo 15: Entendiendo los elementos clave para una iglesia saludable

- ¿Cómo está su iglesia en estas áreas?
- ¿Qué puede hacer para desarrollar estos ministerios?
- ¿Quiénes en la iglesia serían los miembros clave del equipo para cada ministerio considerado?
  - Alabanza y adoración
  - Predicación ungida de la Palabra
  - Misiones
  - Ganar almas
  - Oración
  - Discipulado
  - Servir
  - Reproducción/Siembra

Capítulo 16: Navegando por un cambio de nombre

- ¿Por qué usted, o los líderes de su iglesia, creen que un cambio de nombre ayudaría a la iglesia?
- ¿Cambiaría el nombre la profundidad o la amplitud del ministerio que se lleva a cabo?
- ¿Qué comunicaría el cambio de nombre de la iglesia a la comunidad?

- ¿Ayudaría el cambio de nombre al crecimiento de la iglesia?
- ¿Es el nombre considerado culturalmente relevante?
- ¿Se está considerando el nombre como una opción saludable para que la comunidad entienda quién es usted y con quién está afiliada?
- ¿Será el cambio de nombre propuesto un nombre duradero?

Capítulo 17: Dirigiendo desde el hogar del pastor

- ¿Cómo programa y protege su tiempo al mismo tiempo que muestra prioridad por su familia, su cónyuge y sus hijos?
- ¿Interrumpe las reuniones para atender las llamadas telefónicas de su familia?
- ¿Es capaz de trazar líneas importantes entre ser un pastor y un miembro de la familia o un amigo, según sea necesario?
- ¿Cómo logra el equilibrio para sus hijos en su presión por estar a la altura (porque se les escruta con expectativas), permitiéndoles ser niños normales como todos los demás?
- Para tener una vida hogareña saludable, los ministros deben aprender el arte de la delegación. ¿Cómo lo hace usted en ese ámbito?
- ¿Qué hace para mantenerse espiritual, física, emocional y mentalmente sano?

Capítulo 18: Ser jefe vs. ser líder

- ¿Qué clase de líder soy (pastor/líderes de la iglesia)?
- ¿Qué puedo hacer para mejorar mi liderazgo?
- ¿La gente me sigue a mí y a mi liderazgo? ¿Por qué? ¿Tienen que hacerlo? ¿O quieren hacerlo? ¿Por qué?
- ¿Cómo puedo invertir mejor en las personas que hacen que nuestra iglesia u organización sea eficaz y eficiente?

Capítulo 19: Proteger a los niños y seguir la ética ministerial

- ¿Qué se puede hacer para mejorar sus instalaciones para la ética ministerial?

- ¿Pueden lograrse estas cosas con trabajadores internos, o deben contratarse a profesionales externos?
- ¿Existen procedimientos operativos estándar o políticas que deban promulgarse para sus ministerios y personal? Si es así, ¿cuáles son?
- ¿Hay áreas de sus ministerios que podrían carecer de integridad? Si es así, ¿cómo y qué medidas debería tomar para empezar a rectificar esos asuntos inmediatamente?
- ¿Cómo puede proteger mejor a los niños de su iglesia o ministerio?
- ¿Cómo puede asegurar mejor la confianza de los padres y tutores?

Capítulo 20: Arminianismo vs. Calvinismo

- ¿Sabe usted lo que cree y por qué lo cree?
- ¿Conoce usted por qué es _____ (afiliación doctrinal)?
- ¿Ha estudiado en detalle las doctrinas de la Biblia?

Capítulo 21: Proporcionar asesoría prematrimonial y matrimonial

- ¿Está usted dispuesto a admitir y animar a otros a aceptar que está bien tener un pastor y un consejero simultáneamente, si es necesario?
- ¿Requiere o alienta la consejería prematrimonial antes de realizar las ceremonias matrimoniales?
- ¿Conoce usted a terapeutas, trabajadores sociales o consejeros cristianos con licencia a los que pueda remitir a las familias cuando sus circunstancias sean graves y usted sienta que necesitan ayuda profesional?
- Si necesita tener alguna conversación de gran importancia, ¿cómo puede establecer mejor el momento para la discusión? ¿Un restaurante tranquilo y sin distracciones? ¿Un rincón o una mesa trasera donde su cónyuge pueda mirar a la pared, no al público ni a mí? ¿Flores?
- ¿Quiénes son sus mentores que dirán la verdad con amor?

- ¿De qué manera ha permitido que su carrera o su trabajo sean más importantes que su matrimonio o sus relaciones familiares?

Capítulo 22: Gestión de conflictos

- Fije un tiempo para investigar y elija de dos a cuatro libros sobre el tema.
- Haga una evaluación del inventario de personalidad y determine sus propios estilos de liderazgo y gestión de conflictos.
- ¿Qué debería trabajar para cambiar sus estilos de manejo de conflictos?
- ¿Es usted demasiado duro con la gente?
- ¿Usted evita el conflicto?
- ¿Qué provoca su propio enfoque de la gestión de conflictos en otras dinámicas de personal?
- ¿Hay asuntos que todavía no ha tratado del todo y que necesita poner al frente de las prioridades de su iglesia/organización?

Capítulo 23: Ser sumiso, responsable y humilde

- ¿Dirían los demás que usted es sumiso?
- ¿Sus compañeros de confianza o aquellos a los que usted se considera como responsable le considerarían sumiso, responsable y/o humilde?
- ¿Su cónyuge y los miembros de su familia lo consideran sumiso, responsable y humilde?
- ¿Qué puede hacer para trabajar en estas áreas de la vida y el liderazgo?

Sobre Joseph S. Girdler, D.Min.

Superintendente, Red Ministerial de Kentucky
Asambleas de Dios (EEUU)

Estudios

Universidad de Kentucky, 1984
Licenciado en Psicología
Licenciatura en Comunicaciones

Seminario Teológico de Asbury, 1991
MA, Misiones y Evangelismo

Seminario Teológico de las Asambleas de Dios de la Universidad Evangel, 2018
D.Min. en Liderazgo Pentecostal

Casado

El pastor Joe se casó con Renee (Dra. Renee Vannucci Girdler) el 7 de junio de 1986. Ella fue su regalo de cumpleaños, ya que también era su 24º cumpleaños. Renee es hija de pastores de las Asambleas de Dios del este de Kentucky. Ambos padres eran 100% italianos, y los abuelos de ambos lados de su familia emigraron a los Estados Unidos desde Italia a principios del siglo XX.

Tras haber sido jefa de residentes en Medicina de Familia y haberse graduado con honores en la Facultad de Medicina de la Universidad de Kentucky, Renee es médico especialista en medicina de familia en Norton Healthcare Systems, en Louisville. Es la antigua directora de la clínica y vicepresidenta del Departamento de Medicina de Familia de la Universidad de Louisville, así como la antigua directora de Asuntos Clínicos y vicepresidenta del Departamento de Medicina de Familia de la Universidad de Kentucky. Sus especialidades incluyen la atención a la salud de la mujer y la diabetes, mientras que tiene más interacciones, también, con la medicina internacional.

Con una amplia experiencia en el ministerio, anteriormente fue honrada por el exsuperintendente general de las Asambleas de Dios, Rev. Thomas Trask, y el ex director de Misiones Mundiales de AG, John Bueno, por su selección como la primera mujer en la historia de las Asambleas de Dios nombrada para la Junta de Misiones Mundiales de las Asambleas de Dios. Fue honrada por el exsuperintendente general, Dr. George O. Wood, al recibir la Medalla de Honor del Superintendente General, el más alto honor de la Fraternidad para individuos laicos en las Asambleas de Dios (recibida en el Concilio General 2011, Phoenix, Arizona). Renee fue durante mucho tiempo miembro de la Junta Directiva de Central Bible College y Evangel University. Los viajes/ministerios médicos y misioneros de Renee han incluido Ecuador, Perú, Argentina, Francia, España, México, Sudáfrica y Bélgica.

Personal
- Nació: en Corbin, Kentucky, el 7 de junio de 1962
- Escuela secundaria: Laurel County High School, London, Kentucky. Presidente del Club Beta, miembro durante dos años de las bandas de concierto y sinfónica de Kentucky.
- Universidad: Graduado de la Universidad de Kentucky, 1980-1984; becario de música durante 4 años (trompeta), presidente de la banda de UK, vicepresidente de Psi Chi, Junta de Morteros
- Casado: Dra. Renee V. Girdler, 1986
- Hijos: Steven Joseph Girdler, MD, nacido en 1991 (esposa, Julia). Steven es médico en el Centro Médico Mt. Sinai, Nueva York, NY, Cirugía Ortopédica.
- Hijos: Rachel Renee Girdler, MSW, nacida en 1995. Rachel es misionera asociada, Ecuador.

- Nietos: James Hayes Girdler, nacido en 2019, Nueva York, NY
- Presentó la "Llave del alcalde a la Ciudad" - Versailles, Kentucky, 2004.
- Aproximadamente 50 viajes misioneros internacionales a nivel mundial
- Nombrado coronel de Kentucky, por la Gobernadora de Kentucky Martha Layne Collins, 1986.
- Comisionado coronel de Kentucky, por el Gobernador de Kentucky Matt Bevin, 2016.

Ministerio

- Superintendente: Red Ministerial de Kentucky de las Asambleas de Dios, 2004-Presente
- Presbítero General: Asambleas de Dios de EE. UU., 2004-actualidad
- Concilio General Asambleas de Dios USA, Comisión de Capellanía (2019-2020)
- Concilio General Asambleas de Dios USA, Comisión de Etnicidad (2014-presente)
- Concilio General Asambleas de Dios USA, Comisión de Evangelismo (2005-2006)
- Director de Misiones de Distrito: Asambleas de Dios de Kentucky, 1997-2005
- Ordenado: Asambleas de Dios, Consejo de Distrito de Kentucky, 1994
- Pastor principal: Asamblea de Dios del Camino del Rey, Versailles, Kentucky, 1992-2004
- Pastor Asociado, Música, Juventud: King's Way Assembly of God, Versailles, Kentucky, 1988-1992

- Asociados del campus universitario Chi-Alpha: Morehead State University, Morehead, Kentucky, 1987-1988

Publicaciones

- Girdler, Joseph S. "Líderes de los Royal Rangers, se les aprecia". Alta Aventura: The Official Magazine of Royal Rangers (verano de 2006).

- Girdler, Joseph S., ed. 75th Anniversary: Kentucky District Council Assemblies of God - 2009. (Crestwood, KY: Kentucky Assemblies of God, 2009).

- Girdler, Joseph S. A Christian's Pilgrimage: Israel. http://www.blurb.com/b/6869906-a-christian-s-pilgrimage-israel. ISBN 9781364411534. Blurb Publishing, 2016.

- Girdler, Joseph S. "El cambio de líder super-intendente de la función pastoral a la apostólica: Sensibilización y capacitación en el desarrollo del liderazgo para los superintendentes de distrito en las Asambleas de Dios de Estados Unidos". D.Min. proj. Assemblies of God Theological Seminary, Springfield, MO, 2018.

- Girdler, Joseph S., y Carolyn Tennant. Keys to the Apostolic and Prophetic: Abrazando lo auténtico y evitando lo extraño. Crestwood, KY: Meadow Stream Publishing, 2019.

- Girdler, Joseph S. Redemptive Missiology in Pneumatic Context. Crestwood, KY: Meadow Stream Publishing, 2019.

Sobre Joseph S. Girdler, D.Min.

- Girdler, Joseph S. Estableciendo la Atmósfera para el Día de la Adoración. Crestwood, KY: Meadow Stream Publishing, 2019.

- Girdler, Joseph S. Estableciendo La Atmósfera Para El Día De Adoración. Crestwood, KY: Meadow Stream Publishing, 2019.

- Girdler, Joseph S. Estableciendo la Atmósfera Para El Día De Adoración - II. Crestwood, KY: Meadow Stream Publishing, 2020.

Criado como bautista del sur y bautista misionero, y luego asistiendo a un seminario principalmente metodista, el "pastor Joe" comenzó su ministerio en un campus universitario sirviendo a la Universidad Estatal de Morehead en Morehead, KY, con las Asambleas de Dios. Seguido por cuatro años de ministerio de música y ministerio juvenil, fue impulsado a un pastorado principal en 1992. Sus relaciones de acogida con pastores de múltiples congregaciones y denominaciones le han servido para desarrollar un enfoque amplio y ecuménico de las redes de iglesias a nivel mundial. Al principio de su ministerio se le pidió que sirviera en el liderazgo denominacional a nivel estatal. Sirviendo inicialmente como director de Misiones Mundiales de las Asambleas de Dios de Kentucky durante siete años, mientras que simultáneamente pastoreaba la Asamblea del Camino del Rey en el área de Lexington, KY, durante un total de dieciséis años, el pastor Joe fue entonces elegido superintendente del distrito de las Asambleas de Dios de Kentucky en 2004.

Inicialmente un proyecto de revitalización, su pastorado con la congregación de King's Way encontró a la iglesia superando obstáculos primordiales desde el principio, pero luego se sometió a tres programas de construcción y creció a una asistencia promedio de más de 400 personas. Un elemento clave fue que la iglesia hizo crecer su mayordomía misionera de unos 15.000

143

dólares a una donación misionera anual de más de 430.000 dólares en sólo doce años. El último año de su pastorado ('03) la iglesia alcanzó más de 1.000 dólares de donaciones misioneras per cápita, además de los diezmos y ofrendas regulares de la iglesia. La iglesia tuvo el honor, de entre más de 12.000 congregaciones de las Asambleas de Dios de EE. UU. en ese momento, de alcanzar el estatus de Top 100 en las donaciones a las Misiones Mundiales de las Asambleas de Dios. Su sitio de ministerio en ese momento de casi cuarenta acres y activos de aproximadamente 4 a 5 millones de dólares en el momento de su transición se había convertido en una de las congregaciones más fuertes de las Asambleas de Dios en la Red de Ministerio de Kentucky de las Asambleas de Dios. Casi todos los domingos se bautizaban nuevos conversos durante el servicio de adoración matutino de la iglesia. El ministerio de cuidado de niños de la iglesia (King's Way Academy) era en ese momento uno de los más grandes de la región, con más de 150 niños cinco días a la semana y un personal a tiempo completo de más de veinticinco líderes.

Los doctores Joseph y Renee Girdler sirven (actual y anteriormente) en numerosas juntas y comités en toda la Fraternidad de las Asambleas de Dios. Su viaje único de integrar juntos el ministerio y la medicina les ha ofrecido numerosas oportunidades para alentar el liderazgo de la próxima generación en los llamados de Dios. De sus muchos viajes globales, los ministerios misioneros de Joe han incluido Argentina, Perú, Ecuador (más de 20 veces), México, El Salvador, Brasil, Italia, Alemania, Austria, España, Francia, Bélgica, Inglaterra, Turquía, Bulgaria, Egipto, y más.

Información del contacto:
Correo electrónico: jgirdler@kyag.org
Oficina: +1 (502) 241-7111
Página web: www.kyag.org
Meadow Stream Publishing
5501 Meadow Stream Way
Crestwood, KY 40014, USA

También por el autor

Estableciendo la Atmósfera para el Día de la Adoración
ISBN: 978-1-7337952-0-3

Estableciendo La Atmósfera Para El Día De Adoración
ISBN: 978-1-7337952-6-5

Estableciendo La Atmósfera Para El Día De Adoración II
ISBN: 978-1-7337952-8-9

Estableciendo La Atmósfera Para El Día De Adoración II
ISBN: 978-1-7379913-2-8

Misionología Redentora en Contexto Neumático
ISBN: 978-1-7337952-2-7

Claves de lo Apostólico y Profético:
Abrazando lo Auténtico - Evitando lo Bizarro
ISBN: 978-1-7337952-4-1

www.ingramcontent.com/pod-product-compliance
Lightning Source LLC
Chambersburg PA
CBHW050241170426
43202CB00015B/2877